本书获得赤峰学院学术专著出版基金资助，也是"赤峰学院
应急管理重点实验室"（CFXYZD202006）建设项目及赤峰学院
项目"赤峰市三座店水库生态景观规划研究"（cfxyfc201828）

城市发展及其土地利用适宜性评价研究

梁海山　达喜　著

辽宁大学出版社
Liaoning University Press

图书在版编目（CIP）数据

城市发展及其土地利用适宜性评价研究/梁海山，达喜著. --沈阳：辽宁大学出版社，2023.1
ISBN 978-7-5698-0920-6

Ⅰ.①城… Ⅱ.①梁…②达… Ⅲ.①城市土地－土地利用－适宜性评价－中国 Ⅳ.①F299.232.2

中国版本图书馆CIP数据核字（2022）第162495号

城市发展及其土地利用适宜性评价研究
CHENGSHI FAZHAN JI QI TUDI LIYONG SHIYIXING PINGJIA YANJIU

出 版 者：	辽宁大学出版社有限责任公司
	（地址：沈阳市皇姑区崇山中路66号　邮政编码：110036）
印 刷 者：	沈阳海世达印务有限公司
发 行 者：	辽宁大学出版社有限责任公司
幅面尺寸：	170mm×240mm
印　　张：	12
字　　数：	200千字
出版时间：	2023年1月第1版
印刷时间：	2023年1月第1次印刷
责任编辑：	田苗妙
封面设计：	徐澄玥
责任校对：	吕　娜

书　　号：ISBN 978-7-5698-0920-6
定　　价：78.00元

联系电话：024-86864613
邮购热线：024-86830665
网　　址：http://press.lnu.edu.cn

前 言

伴随着社会的快速发展，我国经济在迅猛发展的同时，也带来了很多新问题。近年来，我国城市化进程不断加快，人口的结构、土地的利用情况发生了很大的变化，这给城镇建设和社会发展带来了一定的困扰。

对于内蒙古来说，城镇化是其发展进程中一个必经阶段。目前，内蒙古的城镇化水平已得到显著提高，内蒙古经济社会取得了长足发展。但是，在内蒙古城镇化建设过程中，仍然存在一些问题，如城镇化建设质量与速度发展不一致、城镇化建设带来诸多环境问题等。除此之外，内蒙古近年来对土地利用的需求量在不断增加，受到内蒙古各地区自然条件差异较大、社会经济发展水平存在差距的影响，其土地利用方式和土地利用结构等均存在鲜明的地区性特点，针对不同地区的土地利用情况，可以得到不同的土地利用评价结果。

本书属于土地利用方面的著作，由包头市城镇化发展及土地利用研究、赤峰市新型城镇化及土地利用变化、鄂尔多斯市城镇化发展与土地利用分析、锡林郭勒盟城镇化发展与土地利用分析，以及内蒙古城镇化发展路径研究等几部分组成。全书以内蒙古为核心，详细论述了内蒙古几座代表性城市的城镇化发展状况以及土地利用评价等问题。本书对土地利用、城市规划等相关方面的研究者与从业人员具有一定的学习和参考价值。

本书获得赤峰学院学术专著出版基金资助。

本书由梁海山、斯日古楞、萨础日拉、达喜、苏德格日勒撰写，具体安排如下：

梁海山（赤峰学院）负责第一章、第二章内容的撰写，共计8万字；

斯日古楞（赤峰学院）、苏德格日勒（蒙古国立农业大学达尔汗分校）负责第三章内容的撰写，共计6万字；

萨础日拉（赤峰学院）负责第四章内容的撰写，共计3万字；

达喜（蒙古国立教育大学）负责第五章内容的撰写，共计3万字。

目录 Contents

第一章 包头市城镇化发展及土地利用研究   01
    第一节 包头市概况   01
    第二节 包头市城镇化发展现状   05
    第三节 包头市城镇化发展的对策   22
    第四节 包头市土地集约利用研究   32

第二章 赤峰市新型城镇化及土地利用变化   40
    第一节 赤峰市概况   40
    第二节 赤峰市新城区发展现状   43
    第三节 赤峰市土地利用现状研究   51
    第四节 赤峰市土地利用分布及其变化   52
    第五节 赤峰市节约集约用地评价与控制   64
    第六节 赤峰市土地利用结构调整与调控对策   70

第三章 鄂尔多斯市城镇化发展与土地利用分析   74
    第一节 鄂尔多斯市概况   74
    第二节 鄂尔多斯市发展现状   88
    第三节 鄂尔多斯市城镇化发展制约因素与对策   96
    第四节 鄂尔多斯市城乡建设用地现状分析   115
    第五节 鄂尔多斯市土地利用总体规划与评价   117

第四章 锡林郭勒盟城镇化发展与土地利用分析   128
    第一节 锡林郭勒盟城镇化的基础背景条件   128
    第二节 锡林郭勒盟城镇化的现状特征   132
    第三节 锡林郭勒盟城镇化的发展模式   140
    第四节 锡林郭勒盟土地利用分析   146
    第五节 锡林郭勒盟土地利用对策   152

第五章　内蒙古城镇化发展路径研究　　　　　　　　　156
　　第一节　内蒙古城镇化发展的制约因素　　　　　156
　　第二节　国内城镇化发展路径经验借鉴　　　　　158
　　第三节　内蒙古城镇化的保障机制　　　　　　　162
　　第四节　内蒙古城镇化的政策建议　　　　　　　173

参考文献　　　　　　　　　　　　　　　　　　　184

第一章　包头市城镇化发展及土地利用研究

第一节　包头市概况

一、包头市行政区划

包头市辖9个旗、县、区，其中5个市区是昆都仑区、青山区、东河区、九原区、石拐区，1个矿区是白云鄂博矿区（简称白云区），2个旗是土默特右旗（简称土右旗）、达尔罕茂明安联合旗（简称达茂旗），1个县是固阳县。

二、包头市地形地貌

阴山山脉横亘包头市中部，因而形成了北部丘陵高原、中部山岳和南部平原三个地貌单元。中部山岳区东西长约145千米，南北宽约50千米，群峰连绵，层峦叠嶂，北坡平缓，南坡陡峭，形成一道"脊梁"，包括大青山、乌拉山和色尔腾山。以昆都仑河为界，河东是大青山，河西是乌拉山。大青山向东蜿蜒至呼和浩特市东面，主峰海拔2338米。乌拉山向西绵延没于河套平原，主峰大桦背海拔2324米。色尔腾山位于乌拉山以北，蜿蜒起伏，状若丘陵，自西向东进入包头市境内，终与大青山合拢环抱，融为一体，海拔在1800~2000米。包头市包含北部丘陵草原、中部山岳、南部平川三大地貌，山地占14.49%，丘陵草原占75.51%，平原占10%。

三、包头市气候资源

（一）光能资源

包头市地处我国富光区，全年太阳辐射值为 5800~6400×10⁶ 焦耳/平方米。太阳辐射总量和日照时数自东向西递增。年日照时数在 2955~3255 小时。5~9 月份为作物生长季节，日照时效占年日照时效的 47%。土默特右旗的太阳辐射值为 2223×10⁶ 焦耳/平方米，固阳县为 2056×10⁶ 焦耳/平方米，分别占各自全年太阳辐射量的 79% 和 71%。由于生产条件的限制，当前光能利用率不高，从固阳县的旱作农业区到土默特右旗郊区的灌溉农业区，光能利用率一般在 0.3%~2%，提升潜力很大。

（二）热量资源

温度的变化幅度、积温的多少是衡量一个地区热量资源的主要标志。包头市的气温变化受地理纬度和地形的影响较大，全市年平均气温为 2.3℃~7.7℃，气温变化量从南向北递减，且幅度较大。夏季 6~8 月份大青山南部日平均气温在 20℃以上，北部大都低于 20℃；冬季 1 月份大青山北部低于 -15℃，南部高于 -15℃，气温 ≥10℃ 的间隔日数，大青山北部为 124~137 天，大青山南部为 155~163 天。>15℃ 的间隔日数，大青山北部为 74~92 天，大青山南部为 114~121 天。农业气候积温为 2100~3500℃，山南平均积温为 3100~3500℃，山北平均积温为 2250~2560℃，无霜期山南平均为 130~140 天，山北为 90~110 天。从上述温度指标可以看出，包头市属于中温带气候区，南北温度差异较大，山北具有温带温凉亚带的热量资源，可以满足耐寒作物的生长要求；山南属于中温带的温热亚带，可种植喜温作物及喜热作物早熟种，部分地区夏收后可复种大白菜。但无论山南山北，共同的气温特点是春温骤升、秋温骤降，加之日较差大，有利于碳水化合物的积累。

（三）降水与蒸发

降水量少，雨热同期：包头市属于半干旱地区，年降水量 240~400 毫米，年际变率大，最多可相差 5 倍，年降水量从东向西、从南向北递减，山区大于平原，山南大于山北。降水量年内分布不均，主要集中在7、8月份，占年降水量的一半。作物生长季4~9月份的降水量山北为200~270毫米，山南为280~320毫米，约占降水量的90%。这种光热水分的有效配合对农作物生产十分有利。由于降水量少，农业必须有灌溉条件，生产才有保障。山北水资源不足，属旱作农业区，基本上是靠天吃饭，对农业保证率低。

四、包头市水文条件

包头市的水资源主要是境内的地表水、地下水和过境黄河水。包头可利用的地表水总量为0.9亿立方米（不包括黄河过境水），地下水补给量为8.6亿立方米。从20世纪50年代起，包头就开始了大规模的水资源开发，先后修建了黄河水源地，以及奥陶窑子、民族团结渠、民生渠、镫礶口扬水站、画匠营子水源地等较大的黄河提水工程，先后构筑了昆都仑、留宝窑、水涧沟等中小型水库。通过这些大规模的水资源开发，包头地区的生活、工业及农业用水设施已经能够满足本地区经济社会发展的需要。

（一）河流与湖泊

黄河流经包头境内的长度为214千米，水面宽130~458米，水深1.6~9.3米，平均流速为1.4米/秒，多年平均流量为824立方米/秒，最大流量为6400立方米/秒，年平均径流量为260亿立方米。目前，沿黄河的水利工程设计取水能力为12.45亿立方米/年。黄河是包头地区工农业生产和人民生活的主要水源。此外，艾不盖河、哈德门沟、昆都仑河、五当沟、水涧沟、美岱沟等河流水流量可观，也是可以利用的重要水资源。

全市可利用的水资源总量为4.89亿立方米，可利用地表径流主要有哈德门沟、五当沟、昆都仑河、美岱沟、水涧沟等五大黄河支流，其中山地丘陵区0.16亿立方米，河滩地区0.56亿立方米，山前冲洪积平原区0.85亿立方米，地表水资源总量为1.67亿立方米，目前仅利用0.5亿立方米，占可利用地表水资源总量的30%。

（二）地下水资源

地下水资源主要分布在三大区：山北、山区和平原。山北主要分布在沟谷、洼地及山间盆地；山区为基岩裂隙水；平原水资源则分布在山南—京包线以北第四系冲积层和京包线—黄河以北第四系冲、洪积层。包头全市可利用地下水资源天然补给量为3.22亿立方米，其中山前冲洪积平原1.82亿立方米，黄河冲积平原和河滩地区分别为0.58亿立方米和0.5亿立方米，山地丘陵区为0.32亿立方米。

包头市水资源贫乏，全市人均水资源为3.02立方米，为全区人均占有量的11.1%，是全国人均占有量的11.4%，每亩耕地、草场仅有38立方米，全市地表水总用量的87.5%靠黄河水补充。水资源时空分布不均，降水量自东南向西北递减，使得地表水在空间上多集中于中部河沟的干流上，地下水多集中在山前倾斜平原区和山丘区沟谷洼地的富水地段，从而形成山南的灌溉农业和山北的旱作农业。山前冲积平原区水资源超采，水源污染严重，因为这里是城市工业的集中地、居民聚集区，又是较发达的农业区，工农争水，城乡争水，地下水大量超采，水位下降，加之城市废水下渗，地下水严重污染。这些问题必须引起全社会的重视，要合理开发、利用、保护水资源。

五、包头市土地条件

（一）土地利用现状

全市可利用耕地占总土地面积的31.41%。耕地的分布状况：旱地主要分布在北部丘陵及中部山区，水浇地主要分布在黄河沿岸的黄河灌区和土默川平原灌区。

（二）土壤类型

全市土壤分为12个土类，17个亚类，41个土属，108个土种。在各土类中以栗钙土、灰褐土和潮土最多，占境内土壤面积的71.8%，其余为石质土、灰色草甸土、盐土、新积土、灌淤土、灰色森林土、风沙土、山地草甸土和沼泽土，共占农业用地的28.2%，其中又以栗钙土和潮土为主。

（三）土地利用的主要问题

植被覆盖率低，水土流失严重，大多分布在水土侵蚀严重的丘陵顶部和大于25°的山坡；土壤盐碱化治理缓慢，盐化土主要分布在黄河灌区，以盐化潮土最多；土壤养分减少，肥力降低，全市高肥力土壤仅占全部土壤的11.3%，而中、低肥力土壤占52%和36.7%，耕地土壤肥力远低于荒地，是掠夺式农业经营的结果；土壤污染严重，主要是指工业三废和农药的污染。由于过去在发展工业的同时忽视了环境保护，废渣乱倒，污水乱排，废气乱放，污染了空气、水源和土壤。

第二节 包头市城镇化发展现状

一、包头市经济区划概况

考虑包头市在更大区域的作用和未来经济发展趋势，结合本地资源分布、生产力布局和产业配置的情况，根据经济发展与相关区域的协作关系，将整个包头市划分为北部经济区、中部经济区、东南经济区和西南经济区四个经济区。

（一）北部经济区

该区域包括达茂旗和白云区，约占市域总面积的63%，具有发展畜牧业的优势，区内有大量的矿产资源。发展的重点一是立足畜牧业，发展农副产品、畜牧产品加工产业；二是充分发挥矿产丰富的优势，进行矿产资源的开发利用，分片组织，宜大则大、宜小则小。在资源富集区，可进行矿产开采及加工的系列化，形成规模化生产。该区域以百灵庙、白云区为经济中心，二者互相补充、互相促进，逐步带动整个区域经济水平的提高。

（二）中部经济区

该区域包括固阳县、石拐区，位于山地丘陵地带，具有农业、牧业及旅游、生态开发的多重优势，发展的重点一是立足当地农牧业产业，大力发展土特产及畜产品的加工业，实现转化增值；二是利用矿产资源，发展采矿加工业。该区域以固阳县金山镇和石拐区为经济中心，在农牧业及矿产开发的基础上，加强城镇建设，同时利用位于市域中部的优势，积极发展运输业，起到市域南北沟通的节点作用。

（三）东南经济区

该区域包括土右旗的大部分范围，位于山前平原上，具有发展农业的优势，且交通便利，发展条件较好，发展重点一是以农业产业为主，是包头市主要的产粮基地；二是利用可再生资源优势，大搞农副产品加工业；三是利用与主城的便利联系及较好的发展条件，接受主城工业扩散，发展轻纺、化工等地方工业。该区域以萨拉齐为经济中心，充分利用现有条件，在保证农业生产的同时，大力发展乡镇企业及地方工业，配套发展饮食服务等第三产业，逐步成为区域内的经济吸引点。

（四）西南经济区

该区域包括主城区和九原区的大部分地区，以青昆区、东河区、九原区为经济中心，积极发展二、三产业，一方面开发高精尖、名优特新产品，培育支柱产业，大力发展商业、娱乐、金融、服务等第三产业，增强吸引力及辐射力；另一方面充分利用城市工业、科技的辐射作用，带动周围城区乡镇企业的发展，同时加快建设以城市为依托、服务城市、繁荣城乡的多功能服务体系，形成市域范围内经济实力最强的经济区。

二、市域开发管制规划概况

（一）重点发展地区

重点发展地区是指已经形成较大规模、高聚集度、具有完善的城镇设施和机能、起到中心地位和作用的城镇化区域。该区域包括主城区和九原区大部分地区，为包头市城市总体规划所确定的规划区范围，其占地885平方千米，是全市政治、经济、文化的中心，重点发展高新技术产业。

（二）优先发展的地区

优先发展的地区是指形成或将要形成的规模较大、聚集度较高、具有基本完善的城镇设施和机能、中心地位和作用相对突出的城镇化区域。该区域为城镇集中发展的区域，工业及人口的分布较集中，区域内应保留相当规模的绿化带，避免城镇建成区的无序蔓延。该区域包括110国道、包白公路沿线基础设施较好的城镇。它们将作为包头市城镇体系的发展主轴和发展副轴，在发展过程中也将吸引扩散主城的部分职能，担负着主城区农副产品供应和工业产品初加工等职能。

（三）鼓励发展的地区

该区域具有相对完善的城镇设施及一定的工业基础，人口相对集中，区内的土地利用功能以城镇用地为主导，但农业用地仍占较大比重，通常是主要公路沿线地区。该地区主要指市内小城镇分布地区，在此区域内应合理诱导工业适当集聚，承担区域内相应的城镇职能，同时要适当控制城镇用地沿交通干线的盲目蔓延。

（四）控制开发的地区

控制开发的地区可分为两种类型：

一是以农业为主的包括村庄、农田、水网、丘陵等用地的地区，这是包头市的农业发展基地。区内的土地利用功能以农业为主导，适当控制第二产业的规模，限制村办工业，农村居民点应适当集聚。该类型区内积极治理农药化肥的污染，解决化学固体物的遗存问题。

二是市域重点建造镇区，是由于人为活动的影响，对资源和环境构成了破坏，使自然生态系统受到了不同程度的冲击，导致系统功能失调的局部区域。该区域包括煤炭采掘区、堆积区和由于过度开垦、过度放牧而导致森林、草原的退化区等。该区域应开展生态复本建设，逐步恢复原有功能，同时该区域内的生产规模及开发强度也应以保持正常的生态平衡为限。

（五）需要严格保护的地区

需要严格保护的地区是指对市域总体生态环境起决定性作用的大型生态要素和生态实体，它的存在决定了市域环境质量及生活质量的高低，且一旦遭到人为破坏，将很难有效地恢复，因而该区域内不得进行与城镇建设开发有关的活动。这一地区既包括国家级自然保护区、森林、山体、水源地、自然景观旅游区及历史文物保护区，还应包括规划用来阻隔城镇无序蔓延，防止城镇居住环境恶化而划定的大片农田、果园和山丘保护区。

三、包头市城镇体系发展规划概况

根据包头市的区域地位、现状职能、结构特点和未来发展趋势，考虑到经济区的划分和发展方向，笔者将包头市域各城镇划分为主城（市四区）、区域中心镇（城关镇和独立工矿区）、重点建制镇、一般建制镇四个职能层次。

（一）主城

主城包括：昆都仑、青山、东河、九原四个城区。包头是以冶金、稀土、机械为主的综合性工业城市，是内蒙古自治区的经济中心之一，未来将发展成为我国中西部地区的经济强市。主城是市域城镇体系的核心，是全市的政治、经济、文化中心，规划期内要提高主城的综合实力，完善主城的功能，增强其在经济、文化、教育、科技、信息等方面对周边城市和市域内城镇的辐射作用。

主城的产业发展要遵循可持续发展的原则，培育新的经济增长点，振兴冶金、机械等支柱产业，建设稀土、重型汽车和工程机械、绿色产业等基地。一些以简单资源粗加工为主，劳动密集型、污染严重的工业项目将逐步从主城转移出去，大力发展以金融、信息为代表的第三产业，积极发展高新技术产业。第一产业要注意其对周围农牧区的科技示范作用和对主城的生态环境影响。

（二）区域中心镇

区域中心镇在所在区域起着政治、经济、文化、教育、科技中心的作用，市域内的旗县政府所在的城关镇和已有一定基础的独立工矿区作为区域中心镇，包括市域北部白云区和达茂旗这一区域的中心镇——百灵庙镇和白云矿区；市域中部的固阳县、石拐区这一区域的中心镇——金山镇和石拐区；市域东南部土右旗这一区域的中心镇——萨拉齐镇。

区域中心镇要充分发挥其连接主城和一般建制镇的作用，各镇宜结合本地适宜的发展方向，培育主导产业，寻找新的经济增长点，提高中心镇经济实力，增强中心城镇的集聚、辐射功能，加强城市建设，提高建设水平，条件成熟的中心镇可集中建设商贸、工业等经济小区。

（三）重点建制镇

在旗县域广大腹地内，区域中心镇和一般建制镇间断层明显，存在极大差别。区域中心镇位于区域中部，对偏远地区一般建制镇辐射能力有限，在这种情况下需设立重点建制镇。一些现状基础明显强于一般建制镇、职能特色突出且有一定辐射力的建制镇也可作为重点建制镇，其作用是对区域中心镇职能的补充和完善，是一定区片的经济、文化和交通运输中心，其产业发展也应各具特色。重点建制镇有双龙、莎木佳、西斗铺、希拉穆仁、满都拉、石宝、沟门、麻池、红泥井、兴胜、吉忽伦图、美岱召12个。

市域范围内的其他建制镇起着连接广大乡村与区域中心镇和重点建制镇的桥梁纽带作用，是一定区片的经济文化中心和商品集散地，有毛岱、将军尧、二十四倾地、大城西、哈业脑包、哈业胡同、忽鸡沟、兴顺西、卜塔亥、银号、新建、巴音珠日和、乌克呼都格、大苏吉、查干敖包等15个镇，一般建制镇应结合自身特点发展各具特色的产业经济。

（四）完善主城的城市布局

主城是市域城镇空间布局的核心，在规划期内继续保持"一市二城"的布局结构，增加绿色空间，完善组团布局。位于城区边缘的昆河镇、青福镇要逐步纳入主城区，城区边缘的用地要严格控制，避免在结合部盲目建设工业小区；划定生态绿地作为不可建设用地，以确保主城有良好的生态框架，避免主城盲目无序外延扩大。

（五）强化城镇空间布局的"⊥"形轴线

市域南部京包铁路、110国道、呼包高速公路沿线一带交通便利，沿线乡镇已具备一定的发展基础，有呼、包两核心城市的辐射，经济将得到快速发展，形成山前平原城镇带，成为城镇空间布局的发展主轴线。市域南北向交通主干线包百公路和包白铁路沿线，分布着金山镇和白云矿区两个区域的中心镇和几个建制镇。随着满都拉口岸对外商贸的发展，以及区域中心镇功能的增强，沿线将成为市域城镇布局的次发展轴线，市域城镇空间布局将呈"⊥"形轴线发展。

（六）发展城镇空间布局的三级发展轴线

呼白公路和莎托公路这两条交通线一带有一些乡村已具备一定的发展基础。随着一般建制镇的均衡发展和乡镇经济水平的提高，以及周边城镇托县、武川的吸收辐射，沿线将设立一批建制镇，这两条交通线方向将成为市域腹地内两条城镇空间布局的三级发展轴，使空间布局更均衡和完善。

在旗县域腹地内有选择地布局重点建制镇。完善旗县域城镇体系，将空间分布合理的建制镇作为重点建制镇，其作用是作为区域中心镇的补充，均衡城镇空间布局，带动一般建制镇的发展，逐步完善旗县域城镇体系布局。

（七）拓展发展轴间联系，逐步形成网络状空间格局

在市域内以各级公路和铁路等交通线为依托，以遍布全市的建制镇为据点，加强各发展轴间的联系，逐步形成网络状的城镇格局。

经过极化核心、强化点轴、重点建设、拓展联系，形成了几个阶段的发展，确定了以点带线、以线促面、梯次推进的发展模式。规划期内逐步形成以主城为核心，以区域中心镇为支撑，以重点建制镇为补充，以110国道和包白公路沿线为发展主次轴，以呼白、莎托公路为发展三级轴，以建制镇为基础，并辐射扩大乡村的多层次、网络状、开敞式的城镇布局。

四、包头市城镇化发展存在的问题

（一）小城镇规划

1. 城镇体系规划仍是薄弱环节，缺乏应有的约束力

包头市应充分利用国家对中西部和边疆少数民族地区的支持，抓住西部大开发的历史机遇，发挥包头市的区域地位、产业基础、资源条件优势，协调区域城镇发展与生产力分布、产业配置、资源利用、生态环保、基础设施建设、社会进步之间的关系，解决发展与人口、资源、环境之间的矛盾，创造全新的对外开放格局，促进市域社会经济健康、持续发展。引导乡镇企业合理发展并在空间上促进其向小城镇集中，结合农业现代化建设，引导乡村城镇化健康发展，逐步提高城镇化水平，构筑城乡一体化的基本框架。合理发展小城镇，提高小城镇的建设水平，强化主城区中心的吸引辐射力，发挥

各级城镇在区域发展中的作用，促进区域城镇体系职能结构、等级规模结构、空间布局趋于合理，增强区域城镇的整体功能。合理超前配置市域性基础设施，合理开发并保护土地、矿产等自然资源，加大环保力度，建设良好的生态环境。立足现状和立足本地，按照经济多元化、市场国际化和区域一体化的战略方针，突破行政区划约束，在大范围内科学预测市域城镇的发展变化，使规划更具有超前性、指导性和可操作性。但是，由于旗县区域城镇体系规划没有及时编制，对区域内小城镇的规划缺乏约束力，导致各小城镇在编制自己的总体规划时找不准自己城镇的定位、发展方向和发展规模。包头市现有的9个旗县区中有8个涉及小城镇，没有一个编制过区域城镇体系规划。就目前情况而言，有4个旗县由于受区位条件和经济条件的制约，小城镇建设速度较为缓慢，而另外4个涉镇区为市区，情况则大不相同。一边是小城镇建设，一边是城市的发展，由于没有一个区域性的统筹安排，致使城镇矛盾日趋凸显，如九原区大部分小城镇位于城市规划区内，还有部分小城镇位于城乡接合部。近几年，由于没有一个区域性发展规划做指导，而包头市城市总体规划、包头市市域城镇体系规划涉及该区域的内容又较为宏观，致使各小城镇在编制规划时只考虑自己的发展优势，导致有两个紧临的乡镇在编制规划时都考虑靠近交通干道，并且因为有大面积荒地的优势，各自规划了一个工业区，并按照规划各自进行基础设施建设。但是，由于经济条件的制约、基础设施的不配套、彼此引进的企业极少，最后两个工业区没有形成，造成土地及基础设施的浪费。不仅没有给各自的小城镇带来经济效益，甚至连已投入的部分都无法收回。还有的镇，一个规划别墅区，另一个紧靠该用地规划工业区。由于工业区的污染，别墅区建了一部分后被迫停工。类似的情况还有许多，都是因为没有一个区域性城镇体系规划，对区域范围内的各类用地、基础设施及发展方向没有一个统筹的安排。各小镇应利用靠近城市、依托城市的优势，发挥各自的强项，达到共同发展的目的。例如，将上述两个工业区合二为一，由两个乡镇共同投资出地，利益共享，那么这个工业区将会很快发展起来，也可以避免类似别墅区紧邻工业区进行建设情况的发生。

2. 城镇总体规划的编制出现两个极端

包头市青山区青福镇镇政府所在地赵家营村被城市包围，属于典型的城中村，拥有大面积土地和多家集体企业。多年来随着城市的发展、企业的入驻、土地的不断增值，该镇通过土地出让、出租等方式，以及集体企业的发展，取得了较大的经济效益，农民收入逐年增加，但是镇容镇貌一直没有得到改善。1996年，包头市政府将该村作为试点进行全面改造，专家在编制镇区规划时考虑全部建成小二楼，7米宽的柏油路，辅以上、下水等基础设施和一些简单的配套设施就可以了。规划经批准后当年完成建设，但是据了解，目前该村农民很多人家都拥有了自己的小轿车，却没有停车场，只好将自家凉房改为车库，出现了煤气、集中供热、电线电缆下地的情况。由于规划中没有预留位置，只好见缝插针，带来许多安全隐患和不必要的浪费。人们休闲没有绿地和广场，环境恶化，而且现在这些农民已无地可种，全部进了工厂或自己经商，过去那种还按农村布局的大宅院已不适应目前的生活，同时造成了土地浪费的现象。

包头市九原区的兴胜镇则属于第二种情况。该镇北靠大青山，东与东河区接址，南邻九原区城区，西与青山区交会，210国道、110国道穿越镇区，有着便捷的交通优势和区位优势，并且有大量的可建设用地。在编制该镇规划时，考虑到该镇的诸多优势有利于吸引大量外来企业入驻，因而规划了两个规模达万亩以上的工业园，并做出迁出部分该镇原有企业的规划。经过四年的发展，结合当时很多市民对小城镇生活向往的情况，又在此镇沿山规划了一个高档别墅区，并进行了基础设施配套，投入了大量的财力、物力和人力。然而别墅区建成后，在内居住的人非常少，原计划迁出的很多企业也出现了破产情况，造成了资源的浪费。这种规划的起点过高，投入资金过大，在规划期内很难实现规划目标，因此不得不进行重新编制。

3. 忽略了详细规划，难以指导建设

小城镇总体规划是综合研究和确定城镇性质、规模和发展方向，统筹安排城镇各项建设用地，合理配置城镇各项基础设施，处理好远期发展和近期建设的关系，指导城市建设和合理发展的较为宏观的规划，而城镇详细规划则分为控制性详细规划和修建性详细规划。控制性详细规划是以总体规划为依据，细分地块并规定其使用性质、各项指标和其他规划管理要求，强化规划的控制功能，指导修建性详细规划编制；修建性详细规划则是在当前或近期拟开发建设地以满足修建需要为目的进行的规划设计。目前，包头市小城镇的详细规划覆盖率不足20%，各类建设项目只按总体规划用地分类安排，具体建筑位置、体量、层数、立面、地块基础配套设施则全靠建设单位提出的方案和审批单位领导的意见确定,导致小城镇从总体看功能分区合理、市政设施齐全、环境优美,然而就某一个小区而言,则出现了小区道路不畅、基础设施不配套、环境较为恶劣的情况。

4. 忽视了城镇特色,千镇趋于一面

包头市小城镇分布有点多、面广、线长的特点,其经济条件、区位条件、发展侧重面各不相同,甚至有以蒙古族为主体的少数民族聚集的小城镇。我们在编制规划时,往往很少考虑这些特点和情况,基本上是沿国道、省道及镇区道路布置商饮服务业,镇中心为镇政府,政府对面是广场,而且广场不能太小,广场周围是文化娱乐设施,不管交通流量有多大,道路一定要气派,建筑造型城市周边是欧式建筑,旗县区一定要以高楼为主,其余绝不可以低于两层,造型可以随意。按此建设,各城镇基本雷同,不同的只是规模大小、楼房高低和造型,难以看出各自的特点,看一个小城镇和看十个是一样的。

5. 城镇规划经费严重不足

根据有关规定,各级规划编制经费由各级政府列入财政预算,由财政支出。多年来,包头市乡(镇)、村级财政,大部分是"吃饭"财政,根本拿不出钱搞规划。2000年前,包头市财政每年还能拿出15万元的规划补助经费和5万元的基础设施建设补助经费,用于补贴村镇规划建设工作。这在一定程度上对村镇规划建设管理工作起到了促进作用。但是,该项费用未列入预算,虽经多方争取,但时至今日仍未落实,直接影响了规划的编制工作。导致一部分小城镇规划已超过了法定的期限,需重新编制和修编,却因经费原因无法修编;还有一部分小城镇因建设速度较快,已达到了规划近期的规模指标,现有规划不足以指导小城镇建设,急需修编,也因资金问题无法实施。

(二)小城镇对农牧民吸引力不强

1. 农牧民自身的问题

首先,农村的教育水平落后,农民知识水平普遍比较低,无论从识字率还是从受高等教育的比例来看,在与东部发达地区相比较时,都明显处于劣势,而且许多有知识、有文化的人才还在源源不断地流向城市。教育水平的落后造成的另一个影响就是知识结构的不合理。在农村既有受过高等教育的人才，又有未受过任何教育的文盲或半文盲，知识结构出现了一个畸形的状态，而非正常状态下金字塔式的结构。较低的识字率和文化普及率使人们的思想比较保守，一些新鲜事物很难被人们接受。

其次，与农民知识水平低相对应的是技术水平低。长期以来，教育的推广受到贫穷的限制，很难发展起来。这种较低的文化基础又进一步地阻碍了知识尤其是较先进的生产技术知识在民间的自动扩散。得不到先进技术的农民，只能在原有的生产力基础上维持原有的耕作方式，也就是维持原有的温饱式的生活方式，而对于一些能提高农民收入的副业项目及从事这些项目的技能却无法得到。大部分的农民只能从事一些需要低文化水平的简单劳动，而对于一些附加值高的工作却因自身的限制而无法从事。这也就意味着难以改变其长期以来的穷困。

最后，农民收入水平低，社会财富和资本的积累不足。农民的低收入不仅阻碍了教育的发展，还阻碍了应有的资本积累。在没有资本积累的情况下，农民也就没有机会增加收入，隐性失业情况极其严重。

2. 就业岗位严重不足

包头市乡镇企业大部分是在20世纪90年代初响应国家号召大力发展乡镇企业时建成的。当时，由于各级政府的鼓励和支持，许多企业匆匆上马，出现了户户点灯、村村冒烟的景象。乡镇企业在当时的经济发展中也的确发挥了"三分天下有其一"的作用。但是，许多乡镇企业由于建设前缺乏对项目的可行性研究和多方论证，而且资金有限，导致规模较小、设备工艺落后、布局分散，自己无力进行基础设施配套建设，所以难以发展。这些企业于20世纪90年代中期在市场竞争中纷纷倒闭，使得包头市乡镇企业数量锐减，乡镇企业一度落入低谷，大量的企业用地、厂房设备闲置造成了浪费。20世纪90年代末，部分乡镇企业在更新设备、改进工艺、注入了更多的资金后重新启动，使得乡镇企业又有了新的活力。在乡镇企业大上时期，大部分企业都是"先上车、后买票"，没有进行任何审批。由于没有规划用地手续，无法进行抵押贷款，转让就更不可能了。鉴于这种状况，从1998年开始，包头市对现有企业进行了全面清查，并在此基础上给予了补办手续，使许多企业通过向银行贷款等方式得以重新启动，还有部分企业顺利转让，盘活了存量资产。同时，随着乡镇企业的二次发展，给农村剩余劳动力提供了许多就业机会，解决了部分进入小城镇的农民的生活问题。但是，从目前的情况看，进入城镇的农民大部分缺少劳动技能，只适合干一些重体力活，而企业给提供的这部分岗位又非常有限，从事二、三产业需要资本投入，农民又拿不出这部分资金，导致许多进镇农民不得不重新返回农村。另外，乡镇企业因资金、土地等问题并未真正向园区集中，农民在村内即可务工，感觉没必要非得进入城镇，所以说，就目前状况而言，小城镇对农民的吸引力不大。

3. 社会保障体系没有建立

就包头市而言，养老保险和医疗保险等必须由单位统一办理并代缴一定费用，对城镇人口来讲很容易做到，而对进镇务工经商的农民来讲，则是不可能的。尽管各级政府一再提出对于有稳定职业、固定住所的农民可办理城镇户口，并享受城镇居民同等待遇，但事实上他们根本享受不到，这在一定程度上也影响了农民进镇的积极性。

4. 小城镇环境及基础设施条件较差

由于镇域经济发展限制、投资渠道单一等原因，包头市小城镇建设在改善环境及基础设施条件等方面进展缓慢。除三个城关镇由于区位、经济等方面原因得到根本改善外，其他小城镇基本上没有什么投入或投入较少，再加上多年来基础设施欠账较多，导致环境恶化、基础设施严重不足，一定程度上难以满足现有城镇居民的要求。农民进镇后，条件会更加恶化，农民在城镇中的生活条件得不到根本改善，基础设施不配套造成生活的诸多不便，每月还得交纳卫生费等各种费用，均是造成农民不愿进镇的因素。

5. 片面重视基础设施建设，忽视人文开发

当前，许多地方在小城镇的基础设施建设方面投入了大量的人力、财力、物力，却往往忽视了农民在小城镇建设中所必需的思想、文化建设。在现实生活中，农民的思想意识是小城镇建设的重要组成部分，如果仅靠政府单方面强调发展小城镇，不可能充分调动农民的积极性，也达不到应有的效果。因为农民是小城镇建设的主体，在农民的思想意识没有达到一定程度的前提下，是不会有健康快速的发展的。当前，我国广大农村人口文化水平普遍较低，这与小城镇健康快速发展的要求是很不适应的。所以，要想有效开展小城镇建设，就需要不断提高对农民知识文化教育的再投入，重点培育农民的市场意识和发展意识，不断开发农民适应和驾驭市场的潜能。农民是最实在的，如果看不到实实在在的利益，无论怎么宣传小城镇建设的好处，他

们也不会主动地参与支持，积极性不可能被有效调动起来。目前，有一些地方缺乏对农民的必要文化知识教育，忽视农民自身素质的培养，农民适应市场经济发展的能力相当有限。在此情况下，仅靠采取行政命令的方式勉强发展小城镇，只能是空中楼阁。因此，开发农民的发展思想和开拓意识、提高农民整体素质是解决问题的根本途径。要通过农民喜闻乐见的形式，广泛宣传当前市场经济发展形势及小城镇建设的重大意义；通过开办培训班，围绕实用技术进行教育培训；依托现有的特色产业，针对性地进行开发式教育，让农民熟悉并掌握必要的实用技术，走规模开发之路；通过试点先行的办法，让农民确确实实看到城镇化给他们所带来的切身利益，使其能够主动自觉地参与到小城镇建设和发展之中。总之，通过不断提高广大农民的城市意识、发展意识，提高其生活品位，逐步引导农民向城市化发展，真正把农民这个城镇建设的主体调动起来，小城镇建设才能步入良性发展轨道。

（三）缺乏树立经营城镇的理念

提高城镇的总体功能、环境质量和综合实力，实现城镇的可持续发展是建设城镇的根本目的。包头作为西部城市，经济欠发达，政府投入非常有限，推进城镇化遇到的困难和问题很多，应遵循市场经济规律，运用经营手段，使城镇建设由内向型向外向型转变，激活城镇发展的活力。包头市目前在经营城镇方面有以下问题：

第一，对经营城镇认识不足。一是没有从改革创新的高度认识到经营城镇的内涵及重要性和必要性，对实施经营城镇战略十分淡漠；二是思想观念更新不快，对在市场经济条件下搞好城市建设研究不够，办法不多；三是工作措施乏力，没有相关政策做指导，亟待拿出具体可操作的工作方案。

第二，城市土地开发经营效益不高。一是受"有天有地"传统住房观念的影响，居民建房占用土地多，空间利用率低，严重浪费了土地资源；二是开发建设综合效益差，如旧城改造，只搞"一层皮"的道路拓宽及街景改造，并没有发挥出开发建设的综合效益；三是土地经营收益低，由于小区多头开发只搞"炒地皮"，没有充分运用土地级差的原理，因而影响土地经营收益，减少了建设资金的聚集和投入；四是基础设施不配套，小区开发经营手段不规范，使得基础设施无法配套完善，欠账较多。

第三，政府"垄断"基础设施建设局面难以打破。多年来形成的城镇基础设施建设的封闭保守意识在人们思想中特别是个别领导思想中还没有得到根本转变,人们都清楚基础设施投资大、回报周期长,但是回报率特别高。既然回报率高,那么就应该由政府来做。这部分人恰恰没考虑到政府财力有限,许多财政还处于一种"吃饭"财政的状况,致使城镇公用设施建设未能及时推向市场,无法建立多渠道、多元化公用设施建设投融资和市政公用设施有偿使用的机制,宣传不到位,没有广泛发动群众,利用社会的力量开展公用设施建设。

第四,住宅消费未能全面启动。一是城镇住房制度改革推进缓慢;二是经济适用房开发建设未能启动;三是没有把旧城改造作为开放搞活房地产市场、启动住宅消费的重要工作进行展开;四是新区开发未能规范、有序,影响了房地产市场搞活经营。

(四) 小城镇优势没有得到很好的发挥

制定和实施小城镇发展战略,需要遵循一定的原则,如实事求是、不搞一刀切原则,重视基础设施配套原则,有利生产、促进生活质量提高原则,科学规范、节约耕地原则,保持城镇个性、突出城镇特色原则等。它实际上是小城镇发展战略指导思想的具体延伸和有机补充。保持城镇个性、突出城镇特色原则是小城镇发展战略的关键部分。

小城镇特色是指其在形成发展中所具有的突出的自然风貌、形态结构、文化格调、城镇形象、产业构成和功能特征。这是小城镇文化、经济和社会发展的客观反映,是小城镇形象的展示。小城镇特色既是城镇区位、自然景观、山形水势、气候植被、环境构成等客观面目的衬托,也是人类通过努力和创造,顺应时代要求,体现时代精神和风貌更为科学的展现。历史沿袭、社会构成、文化脉络、生产方式、审美情趣,以及人的想象力和创造力是形成和发展小城镇特色的重要条件。产业布局、道路网络、建筑格调、绿化系统、文物古迹、风俗习惯、礼仪礼节乃至价值观念等构成小城镇具有特色的框架。包头市对各自小城镇的优势发挥得则不尽如人意,具体反映在以下几个方面。

1. 小城镇形象特色

小城镇形象特色是小城镇文化的有形体现,是小城镇建设与自然环境和谐共处的有形展示。如何将传统文化的沉淀和璀璨文化的发展完美地结合起来，关系到小城镇的未来发展。包头市的土右旗美岱召镇有三百多年的历史，其建成早于呼和浩特、包头二市。镇内的美岱召也称三娘子庙，远近闻名。召庙背后就是包头市唯一的原始森林——九峰山，有着得天独厚的旅游资源，但是多年来一直没有得到很好的开发利用。前几年提倡兴办乡镇企业，该镇就紧跟潮流大力发展乡镇企业，建了一个工业园区，可引进的企业均与旅游及产业延伸无关。由于缺少优势，园区建设不得不停下来，但在基础设施方面投入的大量资金却无法收回。随后，又在镇内建设了一条明清街，发展商饮服务业，与召庙建筑风格不相称，而召庙周围的民居由于年代久远，在翻建时也没有严格要求建筑材料和造型，全部为平顶、红砖，对召庙造成了建设性破坏。由于进入九峰山旅游区有十几公里河槽路，里面乱石林立，游人难以进入，致使90%的游客到此旅游只是在庙里参观1个小时左右，附近就再没有可看的东西，只有原路返回。除门票收入外，带给该镇的只有车辆进出的空气污染和交通安全隐患，明清商业街也成了有市无人的地方。

2. 产业特色

产业特色是小城镇地位、自身发展及增强实力的必然选择。既有特色产业结构的不断优化，又有支柱产业中龙头企业的培育和发展，还有名牌产品的创立和扩延。具有产业特色的小城镇是特色支柱工业的空间载体和依托，是小城镇自身发展的重要前提和经济实力的展现，还是加快区域特色经济发展的重要基础和重要条件。包头市土右旗是农业大旗，特别是该旗南部小城镇由于靠近黄河，土地肥沃，盛产黄芪、枸杞等中药。多年来，这里的居民只靠种植、收获、出售农产品维持生活，而镇政府则认为这里既没有区位优势，也没有资源和交通优势，根本无法发展乡镇企业。他们认为乡镇企业就是工业企业，是和农业不沾边的东西，没有考虑过兴办一些与农产品相关的企业来引导农民进行农产品的深加工或进行简单处理并包装后出售，或做成饮料等保健品出售，以此获得更高的利润，创造自己的品牌，也没有考虑过发展集体经济为更多的进镇农民提供就业机会。

3. 功能特色

功能特色是小城镇作用和地位的体现，也是小城镇进一步发展的重要条件。既有确保小城镇运转效率提高，对农村经济发展具有不可替代的集约、引导和推动作用的基础设施体系，科教、文化、卫生、体育设施体系，还有推动精神文明道德情趣提高，行为方式和生活方式向城市靠近及生活质量不断提高完善的住宅建设体系。靠近城市功能特色的体现，直接关系到小城镇建设的成败与否。现在的小城镇有80%的功能特色没有很好地发挥出来，房屋建设水平低、环境恶劣、基础设施不配套、科教文卫设施短缺、治安状况差、安全隐患多等问题随处可见。

（五）小城镇生态环境建设较差

随着小城镇的建设，环境保护、生态建设已成为摆在我们面前的紧迫任务。为使镇域经济得到发展，乡镇企业异军突起，已成为各镇的经济增长点，但多为重污染、高耗能、低附加值的企业，且设备陈旧，工艺落后。这些企业占地面积大，污染严重。且由于行政区域界限和土地等方面的原因，造成了乡镇企业布局分散，有诸多不便之处，如工厂之间的分工协作，工业所需的能源供应，工业对交通、通信、卫生、文化教育等基础设施的需要，污染治理等问题。

除此之外，工厂选址的随意性问题也随处可见，并不是因为当地没有规划，也不是领导不了解规划，是因为目前考核领导干部好坏的首要一条就是财政税收抓得怎么样，而引进企业恰恰是可以增加财政税收的，那么领导就围着企业转，企业往哪选，他们就跟着往哪选，就怕企业"跑掉"，所以，出现企业选址在城镇居民区上风向、取水口上游，甚至和居民区混杂在一起的现象也就不足为奇了。同时，在居民区建设过程中，只注重住宅建设，甚至乱伐树木，占用绿地建房，而新建住宅又缺少基础配套设施，结果是车辆随意放、垃圾到处堆、污水遍地流、绿地无处找，小城镇的生态环境和居民的居住环境极度恶化，甚至无法正常居住、生活。

（六）城镇综合管理水平和效率有待提高

包头市有着悠久的历史，形成了有北方少数民族地区特点的城市综合管理模式，但在管理的水平和效率上仍与现代化城市、新型城镇的要求有一定的差距。城市公共交通事故率波动变化逐年增大，城市火灾发生率居高不下，不仅影响社会安全，更反映了城市在综合管理上的漏洞和不足。

五、影响包头市城镇化质量的制约因素

（一）区位因素

包头市地处我国中西部地区，就内蒙古自治区而言，包头市具有得天独厚的区位优势和发展基础。但就整个中西部地区或全国来看，包头市也在区位上存在不可忽视的缺点，特别是包头市地处干旱半干旱区，降水少、蒸发量大、风沙大、土质疏松、地表植被覆盖率低，典型的自然地理环境特征导致了包头市发展农牧业的基础较为薄弱，在大力发展工业的过程中，对脆弱的土地、草原生态环境的影响也是巨大的。同时，相较东部沿海地区和其他发达地区而言，中西部地区总体的经济实力和水平较低，包头市城镇化进程中的社会发展也相对处于中低位水平。

（二）产业因素

包头市城镇化具有典型的工业型城镇特点，存在重工业过重、轻工业过轻，战略性新兴产业、新型服务业等才刚刚起步发展的问题，产业结构不平衡。一个城市的发展，通常是由产业引领的，产业结构过于单一或结构严重不平衡不仅会直接制约经济发展，也是城镇特别是旗县区小城镇难以均衡发展的瓶颈因素。同时，产业结构的不合理也直接影响了各产业之间形成相互促进和产业融合的发展格局，对社会民生事业、环保事业的发展不能发挥积极的作用，间接地影响了社会发展质量及城乡统筹发展质量，难以实现健康的可持续发展。

（三）资源因素

虽然包头市有丰富的矿产资源和多种能源，但就农牧业资源而言并无优势。多年来，包头市偏远旗县区的农村水、电、渠、闸等农牧业生产基础设施建设水平较为落后，沿黄灌区的水利设施多为20世纪60年代修建的，机灌区机电井设备老化严重，节水灌溉标准不高。固阳县等山北地区具备灌溉条件的农田比例不高，很多农民仍处于靠天吃饭的农业生产阶段。这些情况不同程度地导致了当地农业生产力低，畜牧业发展水平不高，农牧民的收入增长缓慢，农村村民可支配用于提高生活质量的收入很低，城乡差距不断加大。

（四）政策因素

一是户籍制度的制约。我国现行的户籍制度是以"农业户口"和"非农业户口"划分的，不仅形成了城乡户籍管理的二元结构，也在一定程度上分割了城市居民与农牧民享受养老、教育、医疗、住房等方面的福利，逐步造成重城市建设发展、轻农村牧区建设发展的不平等格局。

二是土地使用权流转机制、农村劳动力转移机制等的制约。由于目前并没有形成固定模式的土地流转市场，农村牧区即便想发展现代规模农牧业、特色工业产业和开发文化旅游业等，也因为没有形成土地供求之间的中介组织以及有偿流转机制的不健全，制约着农村牧区尽快突破发展。另外，由于农村劳动力转移后在城市未能享受到合理的城乡社会保障及公共服务，不能促使农牧民获得更多的生存选择，对促进经济社会发展也有一定的影响。

三是城乡规划的制约。城镇化发展的进程是城市不断扩张的过程，许多城市包括包头市随着城市建成区的面积不断扩大，对城镇建设的规划也在不断进行调整。城镇建设总体规划不断变化，缺乏科学的论证和长期合理规划，甚至一味求大求新，对城镇有序健康的发展影响很大。

四是经济、环保政策的制约。在市场经济体制下，多年来，GDP作为衡量一个地区的经济社会发展指标已成为约定俗成的事情，由快速发展GDP、唯GDP造成的经济发展优先、社会发展滞后、生态环境破坏严重等问题已成为全国性的普遍问题，包头市也不例外。多年来，包头市发展工业，经济实力得到提升，生态环境付出的代价也很大，由此造成了城市地下水位不断下降、空气质量不佳等问题。同时，发展经济为主的指标也造成了城市基础设施建设相对不足的后果，特别是学校、图书馆、文化馆、体育馆等居民需求量较大的场馆建设力度不大，涉及居民生产生活的社会事业发展相对缓慢。

五是城市管理机制的制约。多年来，包头市并没有形成一个系统、全面、有专门组织研究、有专门机构进行统筹管理的城市综合管理机制，管理机制的欠缺和不健全，直接导致城镇管理水平不高，导致城乡居民的社会安全、生产生活质量保障都存在一些缺陷。

第三节 包头市城镇化发展的对策

要提升包头市城镇化质量必须以发展新型城镇化为基本路径,从完善城镇化的发展思路、积极推进全面深化改革、促进经济健康可持续发展、提高科教文卫水平、加大生态环境治理力度和加强城镇综合管理等方面着手,采取有针对性的发展对策,从而不断提升城镇化质量,推动包头市城镇化健康发展,实现城镇化各子系统统筹推进和市域范围内各地区的城乡一体化。

一、完善新型城镇化发展思路,以质量引领城镇化健康发展

(一)树立正确的新型城镇化发展理念

树立"以人为本"的新型城镇化发展观。提升城镇化发展的质量,归根结底是提升城乡居民的生活质量和水平,实现人的全面发展。实现人的全面发展依赖于城市或者地区的经济社会健康、全面发展,不仅是城乡居民收入水平的提高、经济指标的高速发展,更是就业、教育、文化、卫生、居住、环境等涉及人生产生活各项社会领域事业的综合发展。

树立"以质为主"的新型城镇化发展观。从目前城镇化的发展状况来看,城镇化已经不单是人口户籍的城镇化和农村牧区土地的城镇化,提高城镇化的发展质量已经成为协调城镇化发展速率和质量的关键。以质为主,强调城镇化的健康、绿色、可持续发展,建立新型城镇综合管理体制,实现与城市经济发展水平相适宜的城镇化质量提升。

(二)完善包头市城镇化发展的工作机制和政策体系

城镇化发展涉及经济社会发展的方方面面,走新型城镇化发展道路,特别是着重于提升发展质量,就要建立全方位的城镇化发展政策体系。首先,统筹经济、产业、扶贫、环境、科教文卫等职能部门,成立推进新型城镇化发展的综合协调机构,由地区党委、政府根据城镇化发展的需要研究决策,制定中长期的发展规划或纲要,增强政策实施的组织制度保障。其次,加强政策研究工作。组织包头市相关研究机构或社会团体建立全面准确的包头市城镇化质量评估体系,常态化分析包头市城镇化质量的变化趋势和存在问题,随时掌握发展动态,每年由各级人大将城镇化发展质量纳入政府工作

报告进行审议和监督,也可把城镇化质量的关键指标细化量化到年度的工作目标任务中,纳入年度考评中来。最后,形成城镇化与工业化、农牧业现代化、信息化"四化同步"发展的政策体系,推进城乡一体化进程。优化一产,促进农牧业产业化、规模化发展,提高农牧民的收入来支撑农村牧区城镇化发展;提升二产三产,发挥包头市"大工业、小农业"的先发优势和各地区资源比较优势,调整空间结构和产业布局。

(三)制定贯彻落实国家关于"走新型城镇化道路"的具体措施

习近平在考察内蒙古自治区时,从内蒙古地区区情实际出发,提出"五大发展"的理念、打造"六道亮丽风景线"的目标、建设"五个基地、两个屏障、一个桥头堡和沿边经济带"的定位,丰富和完善了内蒙古地区目前和今后一段时期的发展思路,也明确了推动科学发展、实现富民强区的"五个发展路径"和"七项发展举措"。这不仅是加快建设现代化内蒙古的具体要求,也是加快推进内蒙古自治区新型城镇化的发展纲领和具体措施。这些发展规划、目标要求和政策措施对包头市推进新型城镇化发展、提升城镇化发展质量具有很强的指导性和可操作性。为此,包头市要紧密结合地区实际,准确把握内蒙古自治区"8337"发展思路的深刻内涵,立足包头市"5421"的发展定位,制定推进包头市新型城镇化发展的相关措施,将国家、自治区提出的发展战略,赋予产业、金融、投资等政策落到实处。

二、积极推进全面深化改革,激发并提升城镇化质量的内在活力

(一)深化户籍制度改革

户籍制度是城乡居民实现就业、教育、住房等一系列权益的具体保障。户籍制度改革是加快城乡一体化格局的最根本方面。深化户籍制度改革,首要任务就是剥离户籍附着的有差异的福利功能,打破户口户籍的桎梏,以城乡一体化、自由迁徙为原则,实现农村牧区户口居民和城市户口居民的权利统一。同时,还要按照政府统一规划,逐步有序地放开地区落户的限制,建立符合地方实际的城乡统一的户口登记制度。

（二）深化农村牧区土地制度改革

土地作为农村经济增长点和农民增收的根本，实施好农村牧区的土地制度改革是推进新型城镇化，特别是小城镇发展的关键。按照内蒙古自治区的统一部署，根据《包头市农村土地承包经营权确权登记颁证试点工作实施方案》和《内蒙古自治区完善牧区草原确权承包试点工作实施方案》，实施好农村土地和牧区草原确权承包试点工作。其中，土右旗作为农区土地承包经营权确权登记试点旗县，达茂旗作为牧区草原承包确权试点旗县。另外，在保证不越过耕地红线的前提下，政府才可以积极探索土地征收、集体经营性建设用地入市和宅基地制度改革，以此加快土地向新型经营主体流转，制定科学的土地利用规划，加强土地的集约利用。

（三）强化政府提供公共服务的能力

加强和优化政府提供公共服务，既包括社会治理体制改革，也包括文化体制改革、社会事业改革。就包头市而言，发挥社会组织对公共服务的优势，对行业商会协会类、科技类、公益慈善类、经济服务类等社会组织实行直接登记和备案制度，多渠道实现公共服务提供；建立国有文化资产监管机构，发挥市场对文化事业的促进作用，推动政府部门由办文化向管文化转变；加快地方公立医院综合改革，健全城乡公共卫生服务体系，解决农村牧区居民不能就近看病、医疗水平和设施较差的问题；加强地方财政转移支付的力度，特别是在教育、养老、医疗等公共服务中的比重。

（四）深化生态文明制度改革

解决包头市大气环境问题，必须从制度上加以规范，推进党政领导干部自然资源责任审计试点，实施主要污染物排污权和碳排放权交易试点，制定碳排放权交易管理暂行办法，摒弃高耗能、高污染的产业发展方式，实现低能耗、低污染、低排放、再利用、可循环的绿色可持续发展。加强大青山自然保护区的建设，加强对特有的天然草原、湖泊、湿地等自然资源的保护，推进自然生态管理机制创新。

三、推进经济健康可持续发展，保障高质量城镇化的发展前提

当前，包头市和全国、全自治区一样，经济发展进入了"新常态"，主要表现在以下几个方面：钢铁、铝业、稀土、电力、装备制造等五大支柱产业普遍面临着产能过剩、需求不足、产品价格长时间处于低位等问题；城乡居民消费能力较强，城市吸纳聚集人口作用明显，服务业成为汇聚消费热点的关键，投资仍是拉动经济增长的主要动力；创新驱动的作用逐渐凸显，由科技创新激发的新增长点不断涌现。面对经济发展新常态，要实现包头市城镇化质量的稳步提升，必须保障经济健康可持续发展这个大前提。

（一）加大投资力度，强化经济增长的有效支撑

在经济发展新常态下，抓住国家支持基础设施建设、能源资源类项目向中西部地区、民族地区优先布局的有利机遇，实施一批重大项目、重大工程仍是实现增加投资的主要手段。首先，围绕"工业"这个主题谋划重点项目。其次，围绕投资短板和畅通电力、航空、陆路、燃气、口岸、数据"六大通道"，谋划实施一批重大交通运输、电力外送通道、水利工程、信息网络等基础设施建设项目，提高保障经济发展的能力。最后，围绕保障和改善民生，继续扩大"三农三牧"、社会事业、市政建设、生态环境等领域的投资，大力实施保障性住房、扶贫开发、草原森林生态保护建设和环境综合治理等方面的重大工程。

（二）加快产业转型升级，提升经济发展质量效益

促进传统产业转型升级，积极发展新兴产业。钢铁产业加大企业兼并重组力度，全面淘汰落后产能，发展稀土汽车板材、高强度不锈钢和高端装备制造用钢等高附加值产品，提高生产优质钢和特种钢的比重；铝产业通过产能置换壮大生产规模，大力发展航空航天铝材、新型列车车体和轻量化型材产业，提高电解铝的就地转化率；装备制造业加强机床数字化改造，打造汽车、铁路装备、工程机械、特和钢延伸加工和煤化工装备等产业集群，逐渐做大高端装备制造业规模；稀土产业实行资源整合和行业兼并重组，发展稀土磁材料深加工及应用，推进稀土合金的综合利用；煤化工产业逐渐延伸煤基、化

基产业链条，发展焦炉煤气制甲醇、乙二醇及焦油深加工制农药、医药中间体等精细化工产品；能源产业提高风光电等清洁能源的装机容量，支持新能源汽车的推广应用，加快发展节能环保产业，加大战略新兴产业的培育力度。

提高现代服务业水平。依托包头市交通枢纽的地理位置优势，大力发展现代物流业，整合沿国道、省道两侧的零散物流企业，推动物流企业集中融合发展，结合重点产业发展，规划发展工业产品等延伸产业链的物流园区建设；大力发展金融业，加快钢铁大街沿线等市中心区域的金融商务区建设；大力发展文化旅游业，包头市文化旅游资源丰富，拥有许多具有多样地貌的旅游景区，要加快文化旅游景区的建设和提档升级，开辟包头文化旅游对经济发展的新贡献。在重点发展好包头电商谷平台的基础上，适应网络发展的新趋势，制定加快发展电子商务的政策，大力培育新兴服务业。

加快发展现代农牧业。包头市历来不是农牧业大市，但有较好的农牧业发展基础和布局。大力实施"南菜北薯、乳肉并举"发展战略，加快建设现代农牧业示范园区。同时，把农村牧区一产发展与城市三产需求结合起来，规划建设蔬菜、水果现代农牧业和都市休闲示范基地，实现城乡产业互动。积极培育国家、自治区级农牧业龙头企业，促进本土企业注册特色农畜产品商品商标。

四、破除城乡二元结构，促进区域城镇化统筹协调发展

包头市城市、城乡二元结构突出，促进城乡区域协调发展的任务十分艰巨，必须充分发挥区域比较优势，进一步调整空间结构规划和旗县区产业布局，形成统筹协调、相互促进的区域发展格局。

（一）增强中心城区的辐射带动能力

城市发展，规划先行。按照包头市发展新都市区的规划，要加快推进新都市区的建设，通过新都市区将城市狭长的区域布局连接起来；完善新都市区综合管廊、公园、道路网等基础设施建设，加快公立幼儿园、小学、中学和公立医院、文化中心、博物馆等公共服务基础设施的规划建设。另外，加强城市供热、污水处理、垃圾处理等综合基础设施建设，提高对城乡居民的生活服务水平，继续加大公园建设和河道改造，规划建设风景俱佳的环城景观水系，在提高人均绿地面积的同时，优化人居环境。

（二）调整优化区域布局，增强重点城镇的产业功能

坚持按照城市的标准和产业特点，加强对旗县区特别是外五旗县区的城镇规划建设指导。重点推进土右旗萨拉齐镇、固阳县金山镇、达茂旗百灵庙镇等城关镇的建设，按照地区特色和产业优势，打造小而精致、功能齐全、环境优美的精品县城，积极培育工矿企业型、商品集散型、交通枢纽型、文化旅游型等具有鲜明特色的中心集镇，促进农牧业转移人口就近城镇化。推动白云矿区、达茂旗、固阳县协同发展，加大资源勘查力度，共同建设清洁能源输出基地、原料生产加工基地和对内蒙古合作开放基地。借助开展国家新一轮"扩权强县"试点改革的有利契机，加快推进土右旗等中等城市的规划建设。

（三）加强农村牧区公共服务和社会管理

完成农村牧区危房改造、安全饮水、嘎查村街巷硬化、村村通电、村村通广播电视通信、校舍建设及安全改造、嘎查村标准化卫生室、嘎查村文化活动室、便民连锁超市、农村牧区常住人口养老医疗低保等10项社会保障工程，实现农村牧区公共服务的全覆盖。按照内蒙古自治区的统一部署，加快对8个旗县区235个嘎查村实施"十个全覆盖"工程，逐步改善农牧民生产生活环境，迁移生态脆弱地区的农牧民，解决近3.5万名农牧民的脱贫问题，全面提高农村牧区的公共服务水平。创新农村牧区的扶贫机制，全力支持贫困地区推进基础设施、公共服务、特色产业、村容村貌、生态环境建设。加快城乡接合部、城中村改造，促进其就近尽快融入城市发展。

建立城乡统一的劳动力市场、土地市场和资本市场，赋予农民与城镇居民平等的权利，实现城乡劳动者平等就业。建立健全城乡统一的社会保障制度，并与城市社会保障制度逐步接轨，最终建立城乡一体、居民共享的社会保障体系。探索建立持有城镇居住证人员参加城镇社会保障的制度，根据进城农牧民在城镇的居住时间、就业情况，将其纳入城镇社会保障范围。实施城乡医疗机构对口支援工作，促进医疗资源重点向农村牧区和贫困地区倾斜。整合城镇居民基本医疗保险与新型农牧区合作医疗，以统一的居民基本医疗保险替代分设的城乡居民医疗保险，建立覆盖全民的统一医疗保险制度。

五、发展科学教育文化等社会事业，提高城镇化发展内涵和软实力

城市作为经济、政治、科学技术和文化教育的交流中心，发展的根本动力在于不断地创新，创新能力的高低在一定程度上反映了城镇化质量和城市现代化的水平，促进了科学教育文化事业的发展，本质上是提升城市和城镇发展的内涵和软实力。

（一）提升科技创新驱动能力

对于包头市来说，科技创新发展历来是软肋，R&D 经费支出占 GDP 比重严重不足，必须加快实施创新驱动战略。首先，加大科技投入。完善以政府为引导、企业为主题、社会投入为补充的科技投入体系，加强和创新产学研合作机制，引进、共建一批院士工作站和研发机构，将知名高校的专业研究优势与本地的特色产业发展相结合，形成高新技术项目研发生产一条龙的产业链。其次，实施战略性科技项目。依托地区的产业优势，围绕稀土新材料、新型煤化工、新能源、新型冶金、装备制造、资源综合利用等领域实施战略性科技项目，开展产业共性关键技术攻关，推进科技成果转化，提高本土产业的核心竞争力。最后，完善科技创新的环境，从产权改革、产业调整、财税金融、政策采购、项目建设、品牌创建等方面，引导和鼓励中小企业开展自主创新，加强创新人才的扶持、培训、引进和使用，保障研发人员创新劳动成果与生产利益收入保持一致，形成有利于发展创新成果、创新成果转化及其产业化的体制机制。

（二）大力发展教育事业

加大教育投入力度，逐年加大政府财政性教育经费支出，尽快将财政性教育经费支出占 GDP 比重由目前刚刚超过 1% 提高到 4% 的全国平均水平。加快基础教育学校标准化建设和农牧区薄弱学校改造，加快公立幼儿园、新都市区高标准中小学建设，特别是要加强偏远地区、贫困地区师资配备和补贴，促进优质教学资源向农村牧区流动，形成城乡一体的基础教育资源配备。加大向职业教育、高等教育的投资力度，努力使本地的职业教育、高等教育科研成果和人才力量服务于包头市的科技发展和经济社会发展。

（三）推动公共文化事业发展

以市民需求为主，加快兴建公共文化设施，完善公共文化设施布局，形成一批有较高品位的城市文化设施群。加大对旗县区文化基础设施建设和文化服务投入，农村牧区加大乡镇文化站、社区文化室的改建扩建力度，满足农村牧区群众的文化需求，尽快实现"四级"文化公共设施的全覆盖。加强政府引导，鼓励社会组织、民间组织参与文化演出活动，举办更多贴近实际、贴近生活、贴近群众的文艺演出活动，满足不同层次的城乡居民对文化精神的娱乐需求。依托民族文化和城市发展思路，发挥各级图书馆、群艺馆等文化基础设施的作用，营造浓厚的文化氛围，形成全城乐学乐享的良好气氛，全面提高城乡居民的文化素质。

六、加大环境治理和保护力度，增强城镇化发展的生态承载能力

包头市正处于城镇化高速成长阶段，又是典型的重工业城市，工业生产、城市建设和居民消费快速地增长，客观上造成能源资源使用和工业气体排放不断增加，资源环境矛盾成为制约经济社会发展的重要原因之一。面对日趋严峻的资源与环境约束，必须转变城镇化发展方式，加大对突出环境问题和环境安全隐患问题的治理力度，走集约、智能、低碳、宜居的绿色新型城镇化道路。

（一）加快推进大气污染防治工程

包头市与全国其他重工业城市一样，存在着长期工业发展所导致的大气问题，这已经成为包头市环境治理的最大问题。包头市作为京津冀周边城市，实施大气污染综合治理刻不容缓。全面实施以工业污染防治、城市生活污染治理、城市扬尘污染治理、机动车尾气污染治理和城市环境精细化管理等五大内容为主的大气污染防治工程，严格控制颗粒物污染，进一步改善城区环境空气质量，保障城乡居民身体健康。建立和完善由政府主导、各地区负责、部门联动、企业施治、公众参与的大气污染防治工作机制，全面治理大气环境污染，重点对露天煤厂料场进行治理，工业企业淘汰落后产能，提高废气收集率和处理效率，加快重点企业、行业脱硫、脱硝和除尘改造，实

施重点区域空气质量自动检测，在实现经济发展的同时降低单位 GDP 能耗，提高工业固体废弃物的利用率。调整区域工业布局和产业结构，实现重点工业污染源稳定达标排放；加强对城镇生产生活所需的供热燃煤锅炉、生活服务业燃煤设施和城市建成区餐饮业炉灶油烟的治理，推进清洁能源公交车和出租车发展，开展碳排放交易服务体系建设，最终实现重污染天数大幅度减少，优良天数逐年增加。

（二）加快实施区域环境整体保护

贯彻落实《包头市环境保护整体解决方案》，在治理大气污染的同时，也要加强生态环境保护、绿化建设等其他环境整体的保护工作。继续大力推行沿线沿路环境综合整治工作，对包头境内的 G6 高速、110 国道、210 国道和铁路沿线生态环境进行综合治理，进行高标准、园林式绿化，改善沿线沿路环境面貌。对沿线苗木种植进行专项管理，建立苗木管护的长效机制，有效保持环境治理成效。针对山北部分地区工矿企业较多的实际情况，着重提高资源的综合利用水平，严格环境准入，对分布散乱、装备水平低、环保水平差的小型企业进行全面排查和分类治理，实施山北地区矿产资源综合利用示范基地建设，发展循环绿色经济。加大源头治理力度，坚持实施京津风沙源治理、"三北"防护林、退耕还林等国家重点生态工程，重点推进大青山南坡生态环境综合治理、北部草原生态保护和黄河国家湿地公园建设，既实现了生态保护的目的，又为城乡居民文化旅游提供了更多的选择。

（三）建立健全环境治理机制

加快地方立法，进一步明确政府、企业和居民的环保责任，建立环境风险动态管理和监控系统，完善环境标准体系，强化监督检查和责任追究制度，依法进行环境保护和生态建设。尽快制定包头市环境污染应急预案，将环境污染应急纳入全市突发公共事件应急管理体系，加强重大环境污染的预警研究，提高预测预报的准确性。建立重大紧急环境污染案件联合调查机制，依法严厉打击环境污染犯罪，加强发改、经信、公安、监察、环保、国土、规划和城市执法等部门的联动机制，推进联合执法、交叉执法等执法机制的创新。加大生态环境治理和生态修复的资金投入，建立健全生态环境投入机制。

七、构建新型城镇管理体系，提升城镇社会综合管理水平

城镇的综合管理是有效保持城镇化发展成果的重要组成部分，城市的社会化、市场化、信息化管理和农村牧区村、社区的规范化管理不仅是实现优质城市综合管理的途径，也是实现安全、稳定社会环境的基础。

（一）加快构建新型城镇管理体系

建立责任明确、分工合理、运转高效、监管有力的城镇综合管理机制，发挥好城市综合执法队伍的作用，提高法制化、专业化和人性化水平，推行和逐步完善城市管理"网格化"制度，把城镇管理的重心放到街道、村（居委会）、社区等小的网格之中。健全新型社会管理和服务体制，积极发挥驻区单位、社会组织、物业管理机构在社区建设中的作用。加强流动人口的管理，建立和完善流动人口数据库；加强特殊人群在家庭、村（居委会）、社区等的衔接管理，全面开展对特殊人群的救助保护、生活服务等工作。

（二）完善城镇管理的制度建设

配合依法治市的步伐，积极推进城镇管理法规规章的完善工作，形成覆盖包头市城镇管理各个方面、相互衔接、统一的法规框架，保证城镇综合管理的依法有序进行。包头市人大、市城市管理行政执法部门应根据包头市城镇发展需要，通过立法颁布实施适合包头市情的地方性法规和相关配套的政府规章，特别是形成针对不同乡镇、街道、村（居委会）、社区的有差异的管理制度，因地制宜，服务群众。

（三）加快提升城镇综合管理水平和效率

顺应新型城镇化的大势，提升城镇综合管理维护水平是提高城镇化质量、优化城镇综合服务功能的重要内容。首先，形成广泛参与的社会化管理城镇的格局。城镇综合管理的落脚点和出发点是"人"，要管理好一个城镇，不仅要为"人"服务，更应发挥"人"的主观能动性和创造性，充分调动城乡居民参与城镇管理的积极性，建立政府主导，营利、非营利组织与社会公众共同参与的城镇综合管理机制，充分利用广播电视、报纸、新媒体等

宣传平台，实行政务公开、居民投诉和新闻媒体报道等对城镇管理的有效监督，密切政府与居民之间的联系，实现城乡居民生产生活的城镇"自己参与建、自己参与管"的社会化大格局。其次，在全面深化改革的有力助推下，开辟一条高效率的城镇综合管理市场化运作路径。市场化运作是未来城镇管理的科学、有效形式和发展方向，更好地经营和发挥城镇资源，不能仅仅依赖于政府，还需要充分利用经济杠杆和市场化机制的作用，实现以政府出台政策、市场引导企业等参与管理，外来资本、民间资本等多元化资金投入的市场化运作机制。最后，加快推进城镇管理的信息化平台建设。城镇的数字化管理、智能管理是提升城镇综合管理水平和效率的最有效手段之一，在包头市已搭建的智慧城管服务平台的基础上，加快数字化城镇综合管理平台建设，实现城镇环境、绿化、公共基础设施建设、城乡规划、公共安全和城镇各项行政服务的信息化办理，城镇管理问题的公开反馈和投诉建议，以及城镇的精细化管理。

（四）提高城镇的应急保障能力

城镇应对公共突发事件的能力，直接反映了城镇管理的水平和效率。加快制定符合包头市公共安全形势的防灾减灾规划和安全保障规划，健全火灾、交通事故、突发公共卫生事件等妨碍公共安全的应急预警机制，加强城镇消防设施、避灾场所、突发公共卫生应急医疗通道等应急设施、场所的管理和完善，提高对可能产生突发事件场所的常规动态监测水平，强化应急物资的储备和保障，提升城镇的综合应急响应及救援能力。

第四节 包头市土地集约利用研究

一、城市土地集约利用的内涵

（一）三效益的统一性

城市是区域经济发展的中心，也是先进文化、科学技术、现代思想理念的扩散与传播中心，物流、人流、资金流、信息流交换频繁，二、三产业高度集中，城市生态环境承载力有限，因而集约的城市土地利用一定要在考虑土地利用经济效益的同时，考虑城市土地利用的环境效益，考虑土地利用对居民生活、城市形象、社会发展的影响。

（二）土地可持续利用的思想

城市土地的集约利用不仅要求结构最优、使用效能最大，同时也要求土地利用过程以不损害未来土地开发潜能为根本前提（诸如城市历史文化风貌的保护）。从土地供求关系来看，集约利用既要保证目前各业有地用、用好地，又要保证城市未来有足够的预留空间与发展空间。

（三）集约利用空间层次的差异性

不同的空间层次，评价城市土地集约利用的方法和指标体系是不完全相同的。对于以整个城市为空间尺度的宏观层次，主要强调城市综合效益及用地功能、结构的合理性；而中观、微观层次的土地集约化程度则偏重于土地投入产出的效果。对于存量土地的集约利用，不能片面地理解为"见缝插针"或消灭空地。从满足城市居民各方面的需求来看，在城市中保存一定的开敞空间，增加绿地面积，对改善城市的生态环境、丰富居民的文化娱乐生活是十分必要的。我国地域辽阔，城市所在地区的自然、经济条件相差很大，而城市的性质、规模也不完全相同，因而不宜用一两个指标和同一个标准去衡量、评价我国所有的城市。

（四）城市土地集约利用是一个动态过程

城市土地集约利用是一个动态过程，而不是一个静态的终极目标。随着经济发展水平和科学技术的进步，城市用地的效率将会不断提高。因此，土地集约利用应是我们不断追求的一个长远目标。

二、土地集约利用的相关理论

（一）土地报酬递减规律

报酬递减规律是指在一种或几种客观要素不发生变化的前提下，连续等量地将一种变动要素投入一种或几种数量不变的生产要素中去。在这种变动要素投入达到某个特定数值之前，由此产生的生产效率与这种变动要素的投入会呈现单调递增的关系，其投入产生的平均报酬和总报酬会迅速增加；当该变动要素继续投入并达到前述特定数值之后，虽然继续投入仍会产生一定的边际报酬和平均报酬，但因此而产生的生产效率与该变动要素的投入不再是单调递增关系；如果继续增加该变动要素的投入，则平均报酬会开始下降。对这一规律的认识研究最早发源于农业领域。当土地作为生产要素时，因其面积的固定性而被作为不变生产要素，其他变动要素对土地的不断投入就会出现与上述规律所揭示的相符的结果。因此，就土地节约集约利用而言，报酬递减规律的理论与实践指导意义就在于应充分考虑土地所能承载的人口密度、投资强度、建筑物容积率的高低等边际值，从而实现土地利用效益的最优。

（二）区位理论

区位是指客观存在的各类事物所分布的地区和其相互之间具体的空间位置关系。区位理论则是更多反映了人类活动与处于不同空间位置或区域的各类客观事物之间的相互作用与相互影响。区位理论最早也同样产生于农业领域，即由德国农业经济学家和农业地理学家杜能提出的农业区位理论。此后，区位理论由农业领域扩展到了工业、城市、市场领域，主要包括韦伯提出的工业区位理论，克里斯·泰勒的城市区位理论，即中心地理论，以及从市场区位的角度分析研究城市问题的廖什所提出的市场区位理论。继上述理论研究之后，人们研究的领域更加广阔，并拓展到了各种经济实体的空间区位关系。区位理论的研究与提出，使人类开始思考如何选择更加合理、效益最优的区位，以适应人类的各种生产、生活等社会经济活动，避免错误的区位选择所带来的不利影响。区位理论至今还发挥着极其重要的作用，其指导意义特别体现在当下及未来如何进行城乡土地资源空间规划布局、如何优化土地分区利用等方面，进而促进土地的节约集约利用。

（三）可持续发展理论

可持续发展理论萌芽于1962年美国女生物学家卡孙所著的《寂静的春天》，经过几十年的理论探究与实践，1987年，世界环境与发展委员会在给联合国呈报的《我们共同的未来》的报告中，提出了被大多数专家所认同的可持续发展的定义，即"既满足当代人的需求，又不对后代人满足其自身需求的能力构成危害的发展"。可持续发展理论的主旨主要包含着以下内容：一是坚持以保护自然资源与生态环境的承载力为基础，强调经济发展应与自然资源、生态环境的承载力相协调；二是在前述基础之上，要保证能够体现当前国家实力和社会财富的经济增长，不仅仅注重数量，还要在质量上有所提高，且可以持续发展；三是要求改变以往以破坏生态环境、损害子孙后代利益为代价，换取当下经济飞速发展的发展模式，取而代之应当是长远的经济效益、社会效益和生态效益有机统一的发展方式。土地作为人类社会生存发展的重要载体，其总量的稀缺性决定了对土地进行节约集约利用是人类社会可持续发展的必然选择。随着对可持续发展理论的深入研究，土地节约集约利用水平也会不断提升，二者是相辅相成的。

（四）市场失灵与政府失灵理论

市场失灵理论认为，在现实经济环境中，不存在完全竞争的完美市场结构，仅依靠价格机制自发调节资源配置是缺乏效率的，难以实现资源配置的帕累托最优。特别是在公共物品的生产、配置中，市场发挥不了其在资源配置中应有的作用。因此，市场失灵出现了。此时，政府应当及时介入，充分发挥其资源配置、稳定经济等职能，以弥补市场失灵带来的缺失。但是，由于存在政府机构效率低、政府行为目标与社会公共利益之间产生差异、信息不完全或权力寻租等，政府履行其经济职能时，会对经济活动造成不当干预，从而导致政府失灵。土地作为一种准公共物品，只能是政府主导进行开发、利用及收益分配，通过宏观调控建设用地总量，影响经济发展速度和效益，调整土地供应结构，进而调整产业结构，实现土地利用布局的合理性。与此同时，还应当适当引入必要的市场机制，如公平竞争等，以弥补政府失灵产生的弊端。

三、包头市土地利用现状分析

包头市郊区总土地面积为220585.75公顷，在土地利用结构中耕地面积为58242.33公顷，占全区总面积的26.40%；园地面积629.90公顷，占全区总面积的0.29%；林地面积为9439.74公顷，占全区总面积的4.28%；牧草地面积为108130.42公顷，占全区总面积的49.02%；居民点及工矿用地为 16215.82 公顷，占全区总面积的 7.35%；交通用地为 3104.21 公顷，占全区总面积的 1.41%；水域面积为 12463.10 公顷，占全区总面积的 5.65%；未利用地为 12360.23 公顷，占全区总面积的 5.60%。

四、包头市土地利用中存在的问题

（一）土地利用结构不尽合理

包头市郊区农牧业比较发达，耕地占全区总土地面积的 26.44%，林地占 4.29%，牧草地占 48.96%，农、林、牧三者占地比为 6 : 1 : 11，各业发展极不平衡，牧业占地比重大，农业适中，林业占地较少，各业发展缓慢。

（二）土地浪费现象严重，优良耕地减少

包头市农用地、建设用地和未利用土地三大类用地中，农用地虽占全市土地面积的 94.97%，但耕地尤其是优质耕地却不多，耕地仅占全市土地面积的 15.27%。这种土地利用结构导致包头市基本农田保护的压力较大。由于长期以来对土地缺乏宏观调控和计划管理，微观行为得不到有效约束，造成非农建设和农业内部结构调整过多占用耕地，使耕地面积急剧减少。有些企业、机关受利益驱使，多征少用，早征迟用，甚至征而不用，造成土地浪费。由于管理失控，各地盲目建立各个级别的开发区，出现大量占用耕地造成浪费土地的新现象。

（三）土地利用与城市发展的速度不协调

一些城市对于土地的利用与城市发展的实际要求不协调，或者是过快地估计了城市的发展速度，从而在土地的利用上极度浪费；或者是对城市发展的速度估计不足，使城市的一些基本设施和相关服务性产业的用地规划严重不足。包头市钢铁大街等黄金地段的土地利用存在着超强度和高密度开发现象，不仅城市整体收益不高，而且导致了基础设施不堪重负和严重的环境问题。

(四) 土地利用规划的管理力度不够，违法现象严重

城市的建设发展离不开规划，城市规划管理的核心内容之一就是土地的使用，因而土地利用管理要把规划放在首位。长久以来，各地在土地利用方面存在浓厚的长官意志，随意改变规划、改变用地性质，土地利用规划成了一纸空文。在新区建设上盲目扩规模、增总量，在一定程度上使土地和基础设施资源不能得到最佳利用，对违法建设查处不力，依法查处的程序时间长，以罚代法现象严重。

五、包头市土地集约利用的政策建议

(一) 依据包头市城市发展战略，合理分配用地指标

区域内主要城市依据各自特色，制定不同的发展方向和战略，避免区域内的过度竞争。要实现区域的可持续发展，就要保证区域土地的可持续利用，其关键又是土地的集约利用。合理制定包头市城市发展战略，有利于协调区域的经济发展，提高土地集约利用程度。

呼包鄂经济圈是内蒙古自治区最具活力的地区。近些年来，该地区的经济总量、固定资产投资、财政收入均占全自治区的一半左右。依据区域协调的原则，呼和浩特有着乳业的发展特色，鄂尔多斯作为重要的煤炭生产基地，发挥煤炭为主的产业优势。从地理位置和经济联系上看，包头市是该区域发展的中心，而且包头市的 GDP 总量和人均量等主要经济指标均排名第一。包头市发挥自身钢铁和铝业的传统优势，是一座工业强市。不同产业具有不同的土地利用方式，土地集约利用的标准也不相同，应当因地制宜地分配用地指标，有利于协调区域经济的发展和土地的集约利用。目前，包头市正处于经济和社会全面大发展的阶段，城市的外延扩张还要持续一段时间，国家和区域的一些大型项目接踵而来，建设用地需求旺盛。同时，包头市耕地资源十分有限，质量不尽如人意，生态环境脆弱，资源和环境的保护任务重、难度大，土地供需矛盾十分突出。因此，包头市的土地利用必须突破其行政界限的限制，在呼包鄂经济圈和整个内蒙古自治区范围内进行统筹安排，争取广泛的区域合作和发展空间。

（二）针对开发区，实施建设用地集约利用定额管理的制度

所谓建设用地集约利用定额管理，是通过设定反映土地集约利用水平的指标，如单位面积的投资额、容积率等，将这些指标作为开发区招商引资的限制条件。如果企业打算进驻开发区，必须符合建设用地集约利用定额。另外，建设用地集约利用定额可以作为用地标准，是确定建设用地供应数量的依据。

不同等级的开发区设置不同的建设用地集约利用定额。一般来说，稀土高新区是国家级经济技术开发区，定额标准应是包头市最高的；自治区级、市级开发区酌情递减。包头市土地集约利用已经在内蒙古自治区处于领先水平，不宜以内蒙古自治区开发区的平均水平为标准，宜选取东部沿海区域或西部土地集约利用程度较高城市的平均水平为佳。

（三）改变经营管理理念，提高企业经营效益

土地集约利用不仅仅反映在土地利用强度上，还体现在土地利用效益上。包头市是我国较为典型的工业城市，拥有包头钢铁集团、包头铝业集团、内蒙古第一和第二机械制造集团等大型工业企业。这些工业企业的土地集约利用水平对包头市整体土地集约利用具有重要影响。

一方面，包头市主要工业企业成立较早，受计划经济的影响大，厂区内的土地利用粗放。对于这些企业新上的工业项目，建设用地应尽量使用企业内部的低效利用土地，尽可能通过内部挖潜解决传统工业用地不合理的问题，减少征用其他土地，有利于提高企业用地的集约利用水平。

另一方面，想要提高企业的经营效益，就要改善企业的经营管理水平，改变传统计划经济体制的经营管理理念，建立约束和激励机制，调动广大员工的工作积极性，对企业过量员工进行有效的分流。加强包头市主要工业企业的国际合作，有利于引入先进管理经验、资金和技术，可以促进包头市经济发展，同时提高了土地集约利用水平。

（四）推行"三集中"的土地利用模式

"三集中"是指"工业向园区集中，农民向城镇集中，农业向生态园区或种田能手集中"。针对土地集约利用问题，包头市应加强"工业向园区集

中"和"农民向城镇集中"。

  包头市开发区的土地集约利用水平高于全市平均水平，工业向园区集中有利于提高全市整体土地集约利用水平，而且能够发挥规模经济和聚集经济优势，获得更大的经济效益。包头市农村居民点用地严重超过规划要求，将农民向城镇集中，有利于提高农村居民点的土地集约利用水平。同时还应加强土地整理，对农村土地进行有效整合，增加有效农田面积，缓解用地矛盾。

第二章 赤峰市新型城镇化及土地利用变化

第一节 赤峰市概况

一、赤峰市地理位置与行政区划

赤峰市位于内蒙古自治区东南部、蒙冀辽三省区交汇处,地理坐标北纬41°17′10″~45°24′15″、东经116°21′07″~120°58′52″,位于我国东北和华北两大经济区的结合部。东与内蒙古自治区通辽市毗邻,东南部与辽宁省朝阳市相接,西南与河北省承德市接壤,西部和北部与内蒙古自治区锡林郭勒盟为邻。

赤峰市辖三区(红山区、元宝山区、松山区)、两县(宁城县、林西县)、七旗(阿鲁科尔沁旗、巴林左旗、巴林右旗、克什克腾旗、翁牛特旗、敖汉旗、喀喇沁旗),总面积为99021平方千米,是一个以蒙古族为主体、汉族居多数的民族聚居的地区。

二、赤峰市自然条件

(一)地形地貌

赤峰市位于内蒙古向松辽平原过渡地带,以克什克腾旗为界,其西部为内蒙古的东部边缘,地势北、西、南三面高,中部和东部低,形似半环。北部为东北—西南走向的大兴安岭南端山地,西部以燕山山系的七老图山为屏，努鲁尔虎山横卧东南侧，西辽河平原沿老哈河、西拉沐沦河自东向西渐次嵌入。全市海拔在 300~2000 米，西部克什克腾旗、松山区与河北省围场县交界处的大光顶山海拔高度为 2067 米，是全市最高峰；东部西拉沐沦河和老哈河汇流处海拔仅 286 米，为全市最低处。

丘陵是全市主要地貌类型，约占总土地面积的 42%，以西拉沐沦河为界由南北两部分组成。北部丘陵是大兴安岭南段山地向山前倾斜坡状平原过渡地区，北靠中山，南接山前平原。腹地山川交错，山峰散立，丘陵起伏，地势由西北向东南坡状倾斜，海拔在 500~900 米。南部以黄土丘陵为主，黄土覆盖厚度不等，总体上属于薄层黄土，厚度在 10~30 米，丘顶浑圆，起伏和缓。

赤峰全市沙地面积主要分布在两处，即西部浑善达克沙地和东部科尔沁沙地。西部浑善达克沙地植被覆盖度较高，主要有沙地疏林、沙地灌丛、沙地半灌木、草甸等。科尔沁沙地北靠大兴安岭低山丘陵，南接黄土丘陵，南北隆起，西窄东宽，呈楔形展布于中东部。地表由松散的第四纪沉积物组成，在强劲力的作用下，松散沉积物受到次蚀和再堆积，形成沙丘覆盖平原，其特征是沙丘密布，坨甸相间，地壳沙丘波状起伏。

（二）气候

赤峰市地处中纬度，属温带半干旱大陆性季风气候区。冬季受蒙古冷高压气团控制，漫长寒冷，雪少风多，多西北风；夏季受太平洋暖高压控制，盛行偏南风，持续时间较短，平均气温为 18℃~23℃，降雨相对集中。全年日照充足，主要气象要素温度和降水受地形地势的影响明显，温度从东南向西北随海拔高度的增加而递减，全市年平均最高气温为 11.61℃，年平均最低气温为 -1.81℃；降水量由东向西，随地势的增高而明显增加，向北或向南亦有增加的趋势，降水量年际、年内变化大，且地区分布不均，全市多年平均年降水为 381 毫米，集中于 6~9 月，雨热同季，而年蒸发量达 2000~2300 毫米，全市无霜期为 90~140 天，年日照时数为 2800~3100 小时。全市大部分地区年均风速在 3 米/秒以上，多大风天气，尤以春季更为显著，自 1999 年以来，沙尘暴天数剧增。

（三）水文

赤峰市有老哈河、西拉沐沦河、乌力吉沐沦河、教来河、滦河、大凌河六条外流水系和一条内陆水系（贡格尔河），其中老哈河、西拉沐沦河、乌力吉沐沦河、教来河属西辽河流域的上游。全市共计333条大小河流，其中西辽河流域300条、内陆河流域19条、大凌河流域10条、滦河流域4条，河流总长度为11229.3千米，境内河网密度为0.12千米/平方千米，多年平均径流量为32.67亿立方米。

全市湖泊、泡沼72处，水面面积330平方千米。其中最大的湖面为达里诺尔湖，面积达238.7平方千米，是全市主要天然繁殖产鱼区。

（四）土壤

赤峰市土壤类型以褐土、风沙土、栗钙土、草甸土为主。北部大兴安岭低山丘陵区土壤主要以灰色森林土、暗棕壤和黑钙土为主；南部山地丘陵区土壤以棕壤为主，并有零星的褐土分布；东部平原区主要以黑土、黑弓土、栗甸土、灰色森林土和部分水成、半水成土壤，以及部分草甸土（潮土）和风沙土组成；西部高平原区主要为风沙堆积形态，以风沙土和沙丘为主。

三、赤峰市人口概况

据赤峰市统计局发布的《赤峰市第七次全国人口普查公报》数据，至2020年11月1日零时，赤峰市常住人口数为4035967人，占内蒙古人口比重为16.78%，在内蒙古各盟市人口排行中位居第一，是内蒙古人口最多的城市。与2010年第六次全国人口普查的4341245人相比，减少305278人，减少7.03%，年平均增长率为-0.73%。

赤峰全市共有家庭户1543099户，集体户45250户，家庭户人口为3864773人，集体户人口为171194人。平均每个家庭户的人口为2.49人，比2010年第六次全国人口普查减少0.56人。

四、赤峰市经济社会概况

以2017年为例，赤峰市全市实现地区生产总值为1406.8亿元，按可比价格计算，比上年增长3.6%。其中，第一产业增加值为280.6亿元，增长4.5%；第二产业增加值为502.7亿元，下降0.2%；第三产业增加值为623.5亿元，增长6.1%。按常住人口计算，人均地区生产总值达到32641元，增长3.5%。从产业结构看，三次产业比例由上年的20.0：35.7：44.3调整为

21.6∶33.6∶44.8，对经济增长的贡献率分别为 25.7%、-1.4% 和 75.7%，分别拉动经济增长 0.9、-0.1 和 2.8 个百分点。

第二节　赤峰市新城区发展现状

一、新城区与老城区的关系

在准确定位新城区发展功能的基础上，将新城开发和老城改造同步进行，使新城区的发展建设推进城市重构，最终实现了赤峰市功能明确、新旧协调的城市空间格局。新城区建设对老城区的影响具体体现在以下几方面：

（一）职能承接

赤峰市老城区是城市综合区，既承担着市级商业金融服务职能和部分传统工业职能，又承担了很大比重的居住职能，是整个城市的生活居住和产业重心所在。

赤峰新城区是为缓解老城区人口密度大、交通压力大、产业发展空间不足等问题而建设的，其初期职能较为单一，主要承担居住职能。在赤峰市政府、职能部门、学校搬入西部新区后，当地的政治职能、文化职能更为凸显。随着新城区的建设规模不断扩大，城市工业职能、金融服务职能、文化体育职能、房地产职能等不断增加，各组团的定位日益明确，新城区的职能体系日趋完善，逐渐形成了新的城市中心。从长期发展趋势来看，新城区将发展成三个产业健全、比例适当、职住平衡、与老城区融为一体的新的城市中心。

（二）产业互补

赤峰老城区产业发展以第二产业、第三产业为主，其中西南部主要发展商业、金融业和现代服务业等第三产业，东北部发展传统工业。

赤峰新城区由于规划面积较大，未来发展空间也很大，因而在产业分工上必须具有一定的前瞻性。首先，新城区按照现有的组团模式继续发展。其次，围绕建设行政、企业集团总部和金融机构这个中心，重点培育发展教育及文化产业、现代物流业、传统服务三个主导产业，吸引大型企业总部及研发中心、营运中心和市级以上金融服务机构、大型批发零售等企业入驻新城区，提高现代医疗、现代教育、现代金融服务功能，实现城市功能转变。积极促进物流业发展，打造区域性物流中枢，形成新城区特色产业体系，以产业集聚带动人口集聚，以产业发展支撑新城区发展，实现与老城区的产业互补。

（三）设施共享

按照"新老共享，一体发展"的城市发展战略，政府和行政管理部门的服务覆盖了整个城市，商业金融网点遍布新老城区主要街道和社区，文化体育设施能基本满足新老城区居民的需求。老城区与新城区之间的行政办公、商业金融、文化娱乐、体育卫生、教育等公共服务，给水、排水、供电、通信、燃气、供热等各类市政设施，通过统一布局，资源共享，错位发展，避免了重复建设。

（四）交通支撑

赤峰老城区建成时间长，人口密度大，拆迁成本高，道路较窄，通行能力受限。新城区现已完成临潢大街、临潢大桥及林东路等街路建设项目，公交场站、长途客运站、机场建设也在按计划进行中。构建新城区与老城区之间高效便捷的交通网络，既有利于老城区职能的向外疏解，又有利于老城区与新城区之间各类公共服务设施的共建共享。赤峰市注重新老城区同步建设、协调发展，加大对老城区的改造力度。2003 年以来，投入资金 20 多亿元，新建和改造拓宽了道路 20 余条，"一桥三路"即公铁立交桥、友谊大街、银河路、广场路的开工，将拉开松北新城的主框架，开通连接新城区和桥北的重要出入口。友谊大街公铁立交桥是连接赤峰新城区、松山老城区、桥北新区、松北新区，也是连接东北及华北地区规模最大的城市道路下穿铁路立交桥。友谊大街的开通对于完善城区中环路建设、缓解老城区交通压力具有非常重要的意义。

（五）风貌协调

老城区是城市历史风貌的载体，按照保护和适当建设的原则，既要保护原有的古街小巷，保持北方塞外古镇特色，又要"破旧立新"，建立具有浓烈现代商业气息的中心城市。新城区则是城市未来风貌的集中体现，将着力营造现代化、生态型、高品位，具有鲜明特色的城市空间环境。新城区首先设计了面积近400亩的八家公园和滨河景观区，在半支箭河修建两道橡皮坝，锡伯河修建三道橡皮坝，河道沿岸建成带状公园。城市景观轴有两条：一条是绿色景观轴，从半支箭滨河景观带开始，经住宅区、行政办公区、金融商贸区，连接八家公园的绿色长廊至西山；另一条是城市人文景观轴，从机关综合楼经市府广场，穿过玉龙大街，至滨河带状公园，形成了三大城市与自然协调界面、六条主要景观视廊、十条主要景观轴和十六个城市景观节点，构筑"山""河""林""城"四位一体的环境绿化大格局。目前，新城区景观河道整修工程已经完成，穿城而过的锡伯河和半支箭河两条水系被六道橡胶坝拦蓄成70万平方米水面的人工湖，湖水与两岸40万平方米的绿地交相辉映，再现了碧水清清映蓝天的美景。

二、赤峰市新城区发展问题

（一）新城区设施配置不完善，功能单一

1. 新城区各个片区城市功能发展单一

新城区采取组团式发展格局，按照不同职能划分出多个组团。各个组团各司其职，彼此联系较弱。每个组团内部城市功能较单一，呈现出均质化的发展局面。其中，新城区八家组团在十几年的发展过程中严重缺少就业岗位，逐步变成"卧城"。居民生产与生活空间分开，降低了城市整体运作效率。

2. 公共设施配置不完善，社区级服务设施过少

目前，新城区道路宽阔、绿化成片、小区住宅崭新漂亮、环境优美，但人气指数不高，究其原因是公共设施配套不完善。大至便民超市过少造成购物难，公交车覆盖范围小导致出行难，公共厕所太少致使如厕难，小学和初中学校太少导致上学难等；小至商场建成了但是电力容量却不够、电力负荷不满足，小区虽然交工了但是热力负荷不满足等生活细节问题。诸多问题直接影响了居民生活的便利程度和生活的舒适性。

3. 早晚交通过于拥堵，大量通勤致使城市效率低

新城区空间特点总体呈现生产、生活、生态三种功能的分离。大量居民由于新城区建设中存在的服务设施滞后等诸多弊端，宁愿居住在拥挤的老城

区，而工作和学习又在行政力量的推动下不得不在新城区开展。这种畸形的居住习惯也给城市的交通系统带来很大的压力。每天早晚交通高峰大量上班族、学生族在老城区与新城区之间做钟摆式的通勤，既浪费了宝贵的公共交通资源，也耗费了大量不必要的通勤时间。

（二）新城区的城镇化进程滞后于城市建设

赤峰市新城区多年的建设发展得到了赤峰市政策的大力支持和资金注入，城市框架不断拉大，其建成区面积于2013年超过赤峰市中心城区建设面积的三分之一，但人口规模不足中心城区人口总量的七分之一。新城区的高标准建设同时遭遇了城市化进程落后于城市建设的问题，主要表现为新城区房屋虽然已经销售，但常住的居民数量很少，房屋空置率奇高。尤其是在夜晚，行政办公人员下班多返回母城居住，导致新城区失去活力。由于缺乏必要的人群聚集，导致服务设施效率下降，这样更加不利于聚集人群，从而出现恶性循环。

（三）新城区产业发展滞后于城市建设

新城区发展由于采取组团式结构，各个功能单元之间的联系较弱，产业之间没有形成共生产业网络。虽然八家组团和小新地组团作为政治中心和宜居新城的职能完成得很出色，硬件设施建设得很好，但是其在生产型服务业和生活型服务业发展领域较落后，对产业的引领和带动作用较弱，产业发展出现脱节现象。

另外，新城区产业发展与周边地区和城市雷同，产业缺乏特色，依附于产品的智力投入过少，在激烈的市场竞争中很难形成核心竞争力。

（四）新城区建设融资形势不容乐观

赤峰新区这种政府—市场协作混合型的开发模式具有相应的优缺点。一方面，政府和市场结合的开发模式使新城区开发建设有法可依、有章可循，可充分调动社会资源，避免资源闲置和浪费，同时调动了市场积极性，减少政府投入，加大企业投入，加强了政府监管力度，避免了市场的无序竞争，有利于新城区建设目标的实现。另一方面，政府和市场的关系很难在细节上有很好的把握，容易在建设过程中出现监管过度的情况，导致市场积极性降低，当然也可能出现开发商过多，导致加大政府监管负担。

赤峰市新城区建设融资渠道主要有两条：一条是土地财政，通过土地出让金维持城市的基础设施建设。2014年1月10日，全国国土资源工作会议要求东部三大城市群发展要以盘活土地存量为主，今后将逐步调减东部地区新增建设用地供应，也为新城区土地财政敲响了警钟。随着新增土地指标的收紧，城市建设用地变成不可再生资源，通过出让土地不能维持新城区的持续发展。另一条融资通道是商业银行贷款。但是，国家已经意识到政府融资平台的债务风险，并对此加强了监控。从2010年开始，央行不断发文要求清查地方政府融资平台债务，严格把控贷款规模，加强风险控制与管理，银行贷款、企业债券、信托产品等城投公司募集资金的渠道越来越窄。城投公司作为新城区发展建设的融资平台根本没有实体经济，主要通过贷款、征地拆迁、卖地还贷的形式融资，缺少自身造血能力，一旦融资链条断掉，公司运营也就停止，新城区建设也就无力发展了。综上所述，新城区进一步发展建设融资形势非常严峻。

（五）新城区建设受资源环境条件制约

赤峰市属于典型的水资源匮乏区，本地水资源总量不到39亿立方米，人均占有水资源量为851立方米，是全国人均水资源2100立方米的40%，是全自治区人均水资源2200立方米的38.5%，且处于西辽河源头，基本没有客水资源入境。

赤峰市新城区正处于东北和华北的结合部，北、西、南三面被山环绕，海拔高出京津地区500米。赤峰境内浑善达克和科尔沁两大沙地横贯东西，新城区属于温带干旱大陆性气候，十年九旱还多风沙，砂质化地标土壤容易被风侵蚀形成沙尘暴，新城区建设空间布局受限。

三、赤峰市新城区发展策略

（一）调整城市空间布局，加快公共交通发展

1. 打造复合功能城市空间

简·雅各布斯在《美国大城市的死与生》一书中批判道：城市简单的功

能分区"是对城市的洗劫"。她认为,"多样性是城市的天性",无论从经济角度还是社会角度来看,城市都需要尽可能错综复杂并且相互支持的功能多样性布局。因此,赤峰新城的开发应体现综合化和土地利用的集约化,以满足不同群体对不同功能的使用要求,并通过功能的互补形成内在联系的消费产业链,以增加新区活力,并提高新区的经济、社会和环境效益,从根本上解决赤峰新老城区产城割裂的问题。

2. 发展公共交通

城市公共交通是与居民生活息息相关的重要基础设施,是关系国计民生的社会公益事业,也是适用于所有人的出行方式。针对目前钟摆式通勤的现状,赤峰新城区应该加大公交系统投入,鼓励公交出行,增强早晚上下班高峰期的交通运力,在一定程度上弥补城市功能单一带来的缺失,促进城市运行效率的提升。

新城区在公交系统管理运营的过程中,应充分考虑到不同组团承载的城市功能和人口规模,根据实际需要增加公交线网覆盖率,加强组团间的联系。针对当前交通拥堵的问题,增加通车里程、站点覆盖率和延时服务,缩短候车时间,提高准点率,改善乘车环境。对符合通车条件的居民区设置相应的线路、站点。停靠站点尽量向居住小区、商业区、学校延伸,方便人民群众生活。建设港湾式候车厅,并在乘车站点处配有相应的线路图、时刻表等乘车信息,改善候车环境,从而形成网络化覆盖运营模式,使公交系统真正成为"适用于所有人的出行方式"。

(二)加强产城融合,培养特色主导产业

1. 产城融合

产业发展是推进城镇化发展的前提和基础,没有产业支撑的城镇是"沙漠上的大厦",不可能持续健康发展。要促进新城区经济的快速发展,就要促进新城区各生产与功能空间使用上的融合与协调,促进产业空间与居住、生活空间就近匹配,使综合化的空间配置能够在空间利用上真正地发挥综合效益,从而探索一种高效的新城区发展运营模式。同时,也有利于城市空间利用的高效化和集约化,减少通勤交通,实现地区的可持续发展。

2. 培育特色主导产业

要实现新区与老城区的产业错位发展,增强城市综合产业发展能力,就

要培育新城区特色主导产业。结合新城区内产业发展要求及潜力，针对主要产业类型，进一步细分、阐释其内涵。笔者建议重点发展以下产业。

首先，加大生活型服务业的发展。利用学校多的优势，大力发展教育、培训等产业。借助教育门槛低、附加值高的行业特点，吸引人流和资金流，同时还能为地方发展不断培养人才。

其次，加强生产型服务业的发展。赤峰新城区虽然建设有国际会展中心，但是目前没能有效地发挥会展商务号召力为产业发展服务，呈现出高端设施与产业发展脱节的问题。笔者建议，赤峰市新城区应该充分利用相关平台，举办大型会议、会展活动，带来商流、物流、人流、信息流和资金流，推动会展商务经济大发展。

最后，应提升城市产业竞争力，提升高新技术产业的发展空间。要结合新城区规划的调整，深入开展新城区工业发展专项研究，抓好工业园区规划研制、体制创新、功能完善和环境建设，适度发展科技含量高、经济效益好、资源消耗低、环境污染少、人力资源优势得到充分发挥的新型高新技术产业。充分发挥工业园区与城市化的互动效应。以高新技术产业促进城市化，以城市化带动高新技术产业发展。

（三）推进深度城市化，增加新城区人气

新城区的建设不仅仅在于简单的"筑巢"，还应该通过硬件设施的改善吸引稳定的居民，因为这将关系到新城区规划建设实践的成败。笔者认为，一方面通过推动城镇化比率提高引领城市健康发展，另一方面通过合理布局公共服务设施等资源调节老城区与新城区人口分布。

1. 打破城乡壁垒，吸引周边剩余劳动力城市化

城市化的根本内涵是让农民变成市民，城市化的关键是人的城市化。当前城市化中存在的突出问题是：人进城了，但还不是市民，或者说土地被城市化了，人还没有被城市化。可见，一方面要利用农业现代化的推力作用，在农村大量推广机械化种植，提高农业生产效率，倒逼农村剩余劳动力进城谋求发展，提高新城区常住人口规模。另一方面，要充分利用城市的拉力作用，消除城乡二元体制的壁垒，清除深度城市化道路上的体制障碍，给予进城农民制度上的保障，在关系基本民生养老、医疗、教育的领域对进城农民敞开。

新城区建设不单是面积的扩大，还涵盖了广大的农村，应该让更多的农民分享赤峰市发展的成果，帮助农民转变就业观念、提高技能、扩大就业渠道，使更多的农民融入城市。积极发展职业技术教育和成人教育，开展农民培训工程，加强农村人力资源管理，探索建立城乡一体化发展途径，扩大农民养老、医疗、教育等补助力度。不断提升城市配套服务，加强政府服务能力，让百姓老有所养、病有所医、居有其屋，过上舒心的生活。

2. 妥善布局公共服务设施，调节城市人口合理分布

要改善新城区人口入住率低和市民对新城区的认可度不高等问题，关键是要提高居民生活便利性。笔者认为，在保证公共服务实施总量的基础上，还要充分考虑居民的生活习惯、使用频率、消费水平等因素，尽可能增加公共服务设施的等级，尤其是要加强社区级服务设施的建设，以合理规划调整学校布局、增加改建环卫设施、提升园林绿化景观档次、合理利用小区会所、完善河道治理和河道景观建设等为具体改善措施，加强和完善城市功能，以满足绝大多数居民的日常生活需求。让居民通过"用脚投票"的方式自主选择适合自己生活习惯的居住地，从而提高对新城区建设的认同感，起到疏解老城区人口的目的。

（四）保护自然生态环境，缩短新城区发展短板

新城区建设要把生态文明的理念融入城市化建设的全过程，开展全社会范围的绿色教育，培养生态意识，弘扬环境文化，倡导生态文明，加强环境教育，在全社会形成良好的建设生态文明的氛围。合理选择经济增长途径，保护生态环境，大力发展循环经济、环保产业，加大生态保护力度。树立"资源有限、生态无价"的理念，将生态环境、土地资源计入发展成本，将城市开发建设用地和具有生态功能的耕地、基本农田保护区、园地、林地等良性结合，因地制宜地调整用地格局，合理规划，优化空间布局，逐步实现人与自然和谐的人居环境，促进经济发展方式转变。

赤峰市地下水资源有限，新城区在建设发展中应结合城市供水系统，形成节约水资源利用的中水系统，促进节约社会的营建。同时，锡伯河穿城而过，景观资源优越。新区在建设中应充分利用天然河流水系，打造点线面结合的滨区休闲活动空间，并与老城区形成滨水慢性系统，促进新老城区的共同和谐发展。

新城区在建设中虽会遭遇资金短缺等诸多困难，亟须通过招商引资等方式解决城市融资问题。但是，新城区建设应从长远可持续发展的视角出发，合理设置产业发展方向和准入门槛，鼓励发展低能耗、高收入、对环境污染较少的产业。

第三节 赤峰市土地利用现状研究

赤峰市经济加速崛起。随着全面建设小康社会的步伐加快，赤峰市人力资源、基础设施和能源保障优势显现，经济增长方式由粗放型向集约型转变，市场经济体制由基本建立向逐步完善转变，城乡发展由二元结构向统筹发展转变，区域经济中心地位迅速上升，经济整体进入快速增长期。

一、实施"工业强市"战略对土地利用的要求

工业产业的发展需要一定的用地予以保障。在赤峰市土地资源日趋紧张的情况下，要严格控制工业项目盲目投资和低水平重复建设。同时，还要注意产业集约节约用地，在产业结构上优先保障现代制造业和高新技术产业等低污染、高效益且集聚效应显著的产业用地需求，从而促进土地利用的集约化和规模化，逐步加快赤峰市工业经济发展步伐。在空间布局上，进一步贯彻落实节约集约用地思想，充分发挥规模效益，推行新型循环经济模式，提倡企业向以红山经济开发区、宁城经济开发区、林西工业园区和元宝山资源型城市经济转型开发试验区为代表的工业区集中布局，统筹安排园区各类用地，避免重复建设。

二、加快农牧产业化对土地利用的要求

农牧产业化需要在土地利用过程中以耕地和牧草地保护为前提，加强基本农田（草牧场）保护区建设，强化耕地和牧草地资源的保护、管理，确保耕地和牧草地资源的可持续利用。加大土地开发、整理与复垦力度，合理开发土地后备资源，充分利用各种荒地进行开发建设。在集约基础上，保障畜禽饲养地等的用地需求，优化土地利用结构和土地资源利用方向，节约和保护土地资源。

三、加大基础设施建设对土地利用的要求

随着城市规模的扩大，需要加强城市内外各项基础设施建设，规划期内，应优先保障重大基础设施的用地需求，通过"优化结构，调整布局，突出重点"提高用地效益。完善综合交通网络，把公路、铁路建设的重点转向连接周边城市、资源富集区和产业聚集地，构筑资源开发和优势产业发展的快捷运输通道。公路建设，以旗县区政府所在地通高等级公路、乡乡通油路、村村通公路为依托，建成赤大、赤通、赤朝高速公路，开工建设国道 303 线凤凰岭至天山、国道 111 线赤峰至老府一级公路。铁路建设，开辟新的运输干线，改造提高现有铁路运能，建成赤大白铁路、锡林郭勒盟巴彦乌拉至阜新铁路赤峰境内段。民航建设，迁址建设赤峰机场，增加航班，延伸和拓展航线，建立空中快速通道，逐步建设旅游支线机场，加快民航业发展。最终建立现代化的运输体系，有力增强对经济社会发展的支撑保障能力。

四、全力满足以旅游为主的第三产业对土地利用的需求

围绕强化旅游龙头，加快旅游业发展的同时，大力发展现代物流、餐饮娱乐、社区服务、中介服务、房地产五个重点行业，积极拓展金融、交通运输、信息服务、文化传媒、汽车服务、农村服务六大服务领域，促进服务业的全面发展。旅游业及相关服务业的发展在用地上予以优先考虑。在集约节约的基础上，重点供应金融、保险、咨询、物流等知识型服务业或"生产型"服务业用地。

第四节　赤峰市土地利用分布及其变化

一、赤峰市土地利用的时间变化

根据 2000 年、2005 年、2010 年、2015 年的详细数据，按 2000—2005 年、2005—2010 年、2010—2015 年、2000—2015 年 4 个时段详细数据（见表 2-1）分析赤峰市土地利用面积的变化，从而可以发现土地利用时间变化的特征。

2000—2005 年，赤峰市土地利用类型变化的趋向是：城镇村及工

矿用地、交通运输用地、园地、林地的利用变化呈上升状态；耕地、草地、水域及水利设施用地、未利用地的利用变化呈下降状态。园地面积增加了105.68公顷，增幅为0.001%，增长率为0.78%；林地面积增加了132537.87公顷，增幅为1.77%，增长率为7.23%；城镇村及工矿用地面积增加了850.50公顷，增幅为0.03%，增长率为0.47%；交通运输用地面积增加了1067.53公顷，增幅为0.04%，增长率为7.66%。耕地面积减少了60349.49公顷，降幅为0.37%，减少率为5.36%；草地面积减少了68575.03公顷，降幅为1.31%，减少率为1.30%；水域及水利设施用地面积减少了273.05公顷，增幅为0.004%，减少率为0.17%；未利用地面积减少了5364.01公顷，降幅为0.15%，减少率为1.78%。其中，不同土地类型变化的速度为交通运输用地＞林地＞园地＞城镇村及工矿用地＞水域及水利设施用地＞草地＞未利用地＞耕地。

2005—2010年，赤峰市土地利用类型变化的趋向是：耕地、园地、林地、城镇村及工矿用地、交通运输用地、水域及水利设施用地、未利用地的利用变化呈上升状态；草地的利用变化呈下降状态。耕地面积增加了340670.52公顷，增幅为3.90%，增长率为31.96%；园地面积增加了12781.92公顷，增幅为0.15%，增长率为93.31%；林地面积增加了666226.50公顷，增幅为7.92%，增长率为33.91%；城镇村及工矿用地面积增加了14233.32公顷，增幅为0.20%，增长率为7.89%；交通运输用地面积增加了53374.53公顷，增幅为0.59%，增长率为355.57%；水域及水利设施用地面积增加了10996.02公顷，增幅为0.16%，增长率为6.93%；未利用地面积增加了11726.27公顷，增幅为0.31%，增长率为3.97%。草地面积减少了1319363.07公顷，降幅为13.23%，减少率为25.34%。其中，不同土地类型变化的速度为交通运输用地＞园地＞林地＞耕地＞城镇村及工矿用地＞水域及水利设施用地＞未利用地＞草地。

2010—2015年，赤峰市土地利用类型变化的趋向是：耕地、林地、城镇村及工矿用地、交通运输用地、水域及水利设施用地、未利用地的利用变化呈上升状态；园地、草地的利用变化呈下降状态。耕地面积增加了3780.10公顷，增幅为0.04%，增长率为0.27%；林地面积增加了2616001.70公顷，增幅为30.10%，增长率为99.43%；城镇村及工矿用地面积增加了6642.14公顷，增幅为0.08%，增长率为3.41%；交通运输用地面积增加了

1912.21公顷，增幅为0.02%，增长率为2.80%；水域及水利设施用地面积增加了615.23公顷，增长率为0.007%；未利用地面积增加了1928.93公顷，增幅为0.02%，增长率为0.63%；园地面积减少了89.10公顷，降幅为0.001%，减少率为0.34%；草地面积减少了7240.96公顷，降幅为0.08%，减少率为0.19%。其中，不同土地类型变化的速度为林地＞城镇村及工矿用地＞交通运输用地＞未利用地＞水域及水利设施用地＞耕地＞草地＞园地。

2000—2015年，赤峰市土地利用类型变化的趋向是：耕地、园地、林地、城镇村及工矿用地、交通运输用地、水域及水利设施用地、未利用地的利用变化呈上升状态；草地的利用变化呈下降状态。耕地面积增加了284101.14公顷，增幅为3.57%，增长率为25.22%；园地面积增加了12798.50公顷，增幅为0.15%，增长率为94.15%；林地面积增加了3414766.07公顷，增幅为39.78%，增长率为186.36%；城镇村及工矿用地面积增加了21725.96公顷，增幅为0.30%，增长率为12.10%；交通运输用地面积增加了56354.27公顷，增幅为0.65%，增长率为404.16%；水域及水利设施用地面积增加了11338.21公顷，增幅为0.17%，增长率为7.13%；未利用地面积增加了8291.19公顷，增幅为0.18%，增长率为2.76%。草地面积减少了1395179.07公顷，降幅为14.62%，减少率为26.45%。其中，不同土地类型变化的速度为交通运输用地＞林地＞园地＞耕地＞城镇村及工矿用地＞水域及水利设施用地＞未利用地＞草地。

表2-1 赤峰市土地利用构成及土地利用增减率（单位：%）

土地利用分类	构成比 2000年	构成比 2005年	构成比 2010年	构成比 2015年	增减率 *	增减率 **	增减率 ***	增减率 ****
耕地	12.65	12.28	16.18	16.23	-5.36	31.96	0.27	25.22
园地	0.16	0.15	0.30	0.30	0.78	93.31	-0.34	94.15
林地	20.59	22.36	30.27	60.37	7.23	33.91	99.43	186.36
草地	57.96	57.96	44.73	44.65	-1.30	-25.34	-0.19	-25.45
城镇村及工矿用地	2.02	2.04	2.24	2.32	0.47	7.89	3.41	12.10
交通运输用地	0.16	0.19	0.79	0.81	7.66	355.57	2.80	404.16
水域及水利设施用地	1.79	1.79	1.95	1.96	-0.17	6.93	0.36	7.13

（续　表）

土地利用分类	构成比 2000年	构成比 2005年	构成比 2010年	构成比 2015年	增减率 *	增减率 **	增减率 ***	增减率 ****
未利用地	3.38	3.23	3.53	3.55	-1.78	3.97	0.63	2.76

*：　2000—2005年的增长率，等于（2005年数据-2000年数据）/2000年数据×100%。

**：　2005—2010年的增长率，等于（2010年数据-2005年数据）/2005年数据×100%。

***：　2010—2015年的增长率，等于（2015年数据-2010年数据）/2010年数据×100%。

*****：2000年—2015年的增长率，等于（2015年数据-2000年数据）/2000年数据×100%。

二、赤峰市土地利用的空间差异分析

根据上述分析的数据（表2-1）发现，2000—2015年15年间的增减率最明显。为了进一步了解土地利用的空间差异变化，通过分析2000—2015年15年间的赤峰市各旗县区土地利用构成比的空间变化（表2-2）可知：红山区耕地、林地、草地、交通运输用地的土地利用面积相对增加，园地、城镇村及工矿用地、水域及水利设施用地、未利用地的土地利用面积相对减少；元宝山区耕地、城镇村及工矿用地、交通运输用地、水域及水利设施用地的土地利用面积相对增加，园地、林地、草地、未利用地的土地利用面积相对减少；松山区耕地、林地、城镇村及工矿用地、交通运输用地、水域及水利设施用地的土地利用面积相对增加，园地、草地、未利用地的土地利用面积相对减少；阿鲁科尔沁旗耕地、园地、林地、城镇村及工矿用地、交通运输用地、水域及水利设施用地、未利用地的土地利用面积相对增加，草地的土地利用面积相对减少；巴林左旗耕地、林地、城镇村及工矿用地、交通运输用地、未利用地的土地利用面积相对增加，园地、草地、水域及水利设施用地的土地利用面积相对减少；巴林右旗耕地、草地、林地、交通运输用地、水域及水利设施用地的土地利用面积相对增加，草地、城镇村及工矿用地、未利用地的土地利用面积相对减少；林西县耕地、园地、林地、交通运输用地、水域及水利设施用地的土地利用面积相对增加，草地、城镇村及工矿用地、未利用地的土地利用面积相对减少；克什克腾旗耕地、林地、交通运输用地、水域及水利设施用地、未利用地的土地利用面积相对增加，园地、草地、城镇村及工矿用地的土地利用面积相对减少；翁牛特旗耕地、园地、林地、城镇村及工矿用地、交通运输用地、水域及水利设施用地、未利用地的土地利用面积相对增加，草地的土地利用面积相对减少；喀喇沁旗园地、林地、城镇村及工矿用地、交通运输用地、未利用地的土地利用面积相对增加，耕地、草地、水域及水利设施用地的土地利用面积相对减少；宁城县林地、城镇村及工矿用地、交通运输用地、未利用地的土地利用面积相对增加，耕地、园地、草地、水域及水利设施用地的土地利用面积相对减少；敖汉旗耕地、林地、城镇村及工矿用地、交通运输用地的土地利用面积相对增加，园地、草地、水域及水利设施用地、未利用地的土地利用面积相对减少。

综上可知，2000—2015 年间，赤峰市红山区、元宝山区、敖汉旗土地利用相对程度较高，林西县、松山区、巴林右旗、克什克腾旗土地利用相对程度较低。

表2-2　2000—2015年赤峰市不同旗县区土地利用构成比的变化

指标	耕地	园地	林地	草地	城镇村及工矿用地	交通运输用地	水域及水利设施用地	未利用地
红山区	4.12	−0.79	3.74	8.40	−6.28	0.17	−1.82	−7.54
元宝山区	9.28	−0.26	−2.68	−11.32	4.53	1.88	1.93	−3.37
松山区	7.18	−0.12	4.78	−12.47	0.29	0.59	0.01	−0.26
阿鲁科尔沁旗	3.10	0.03	11.05	−16.80	0.03	0.61	0.51	1.47
巴林左旗	1.95	−0.07	7.09	−12.28	0.45	0.85	−0.45	2.46
巴林右旗	5.18	0.06	5.35	−12.27	−0.03	0.37	1.63	−0.29
林西县	1.48	0.01	1.06	−0.86	−0.08	1.00	0.06	−2.66
克什克腾旗	0.62	−0.01	15.68	−17.16	−0.08	0.28	0.21	0.45
翁牛特旗	5.41	0.01	11.31	−18.84	0.35	1.00	0.49	0.27
喀喇沁旗	−3.55	5.85	17.45	−20.54	0.42	0.83	−1.44	0.98
宁城县	−0.67	−0.17	10.45	−11.75	0.94	0.71	−0.85	1.34
敖汉旗	9.00	−0.45	2.27	−8.16	0.56	0.86	−1.07	−3.01

从以上分析可直观看出赤峰市各旗县的土地利用变化的不同，为了进一步分析赤峰市各旗县土地利用的空间差异，用 2000—2015 年的 24 个旗县 8

个类型土地利用的构成比,把 12 行 8 列的数据做因子分析。为了能直观看出 2000 年和 2015 年的因子得分变化,因而用两个年份的土地利用构成比的数据进行分析。因子分析的结果如表 2-3 所示,从表 2-3 的因子载荷矩阵里可知道:第 1 因子的耕地、草地、城镇村及工矿用地、交通运输用地的载荷量绝对值较高,这些都是农村用地和城市建设用地的因子,因而第 1 因子代表农村用地和建设用地的变化幅度大;第 2 因子的园地、林地的载荷量绝对值较高,因而第 2 因子代表园地、林地的变化幅度大;第 3 因子中未利用地的载荷量绝对值最高,可得出第 3 因子代表的设施农用地、田坎、盐碱地、沼泽地、沙地、裸地的变化幅度较大;第 4 因子的水域及水利设施用地的载荷量绝对值较高,因而第 4 因子代表水域及水利设施用地变化幅度大。

表2-3 旋转成分矩阵a

指标	第1因子 (农村用地-建设用地,Y_1)	第2因子 (园地-林地,Y_2)	第3因子 (未利用地,Y_3)	第4因子 (水域及水利设施用地,Y_4)
耕地	0.90	0.04	−0.21	0.05
园地	0.00	0.95	0.00	0.05
林地	0.53	0.68	−0.34	−0.08
草地	−0.88	−0.40	0.12	−0.06
城镇村及工矿用地	0.86	0.01	0.12	0.14
交通运输用地	0.83	0.06	0.04	0.14
水域及水利设施用地	0.18	0.02	0.01	0.98
未利用地	−0.02	−0.09	0.97	0.01
方差的百分比	47.40	18.04	11.46	10.61

提取方法:主成分旋转法,具有 Kaiser 标准化的正交旋转法。a 旋转在 5 次迭代后收敛。

由表 2-3 可知,第 1 因子代表耕地、草地、城镇村及工矿用地、交通运输用地的变化。元宝山区、翁牛特旗、敖汉旗、宁城县、巴林左旗的变化幅度较大,其中耕地变化较大的是元宝山区、敖汉旗,草地变化较大的是巴林左旗、翁牛特旗、宁城县,城镇村及工矿用地、交通运输用地变化较大的是元宝山区和宁城县。第 2 因子代表园地、林地的变化。红山区、元宝山区、克什克腾旗、喀喇沁旗的变化幅度较大，其中园地变化较大的是红山区、喀喇沁旗，林地变化较大的是元宝山区、克什克腾旗。第3因子代表未利用地的变化。红山区、元宝山区、喀喇沁旗、敖汉旗的未利用地的变化幅度较大。第4因子代表水域及水利设施用地的变化。红山区、元宝山区、巴林右旗、喀喇沁旗的水域及水利设施用地变化幅度较大。

三、赤峰市土地利用变化原因的地域差异

土地利用变化驱动力包括社会经济、自然生物、技术及制度因素。如何选取分析方法和驱动因子需要根据研究区赤峰市的特点来决定。根据统计学的主成分分析法的思路和要求，以及赤峰市各旗县区现有的数据资料情况，选择2000—2015年这15年间赤峰市国民经济统计资料作为基础数据，运用德尔菲法选取9个影响因子：农村人口比率（X_1）、人口自然增长率（X_2）、第一产业生产总值（X_3）、第二产业生产总值（X_4）、第三产业生产总值（X_5）、人均生产总值（元）（X_6）、农户平均牲畜（X_7）、每单位面积粮食产量（吨/公顷）（X_8）、社会消费品零售总额（万元）（X_9）。通过对选取影响赤峰市12个旗县土地利用变化的9个因子的变化，12行9列进行因子分析。因子分析的结果如表2-4所示，从表2-4的因子载荷矩阵里可知：第1因子的第一产业生产总值、第二产业生产总值、第三产业生产总值的载荷量绝对值较高，可知第1因子中产业结构变化对土地利用的变化影响较大；第2因子的每单位面积粮食产量、社会消费品零售总额的载荷量绝对值较高，可知第2因子中农业经济的变化对土地利用的变化影响较大；第3因子的人均生产总值、农户平均牲畜的载荷量绝对值较高，可知第3因子中畜牧业经济的变化对土地利用的变化影响较大；第4因子的农村人口比率、自然增长率的载荷量绝对值较高，可知第4因子中农业人口的变化对土地利用的变化影响较大。

土地利用变化的因子得分农村用地—建设用地（Y_1）、园地—林地（Y_2）、未利用地（Y_3）、水域及水利设施用地（Y_4）作为被说明变量，社会经济变化的因子得分产业结构（X_1）、农业经济（X_2）、畜牧业经济（X_3）、农业人口（X_4）作为解释变量进行回归分析的结果如表2-5所示。从表2-5里能看出，2000—2015年这15年间对赤峰市各旗县区的土地利用变化的影响最大的是农业经济（X_2）和农业人口（X_4）的农业经济和农村人口比率方面的因素。未利用地（Y_3）的未利用地的变化与农业经济（X_2）和农业人口（X_4）

的农业经济和农村人口比率方面因素之间出现1%和5%的显著性水平。从表2-4和表2-5里能看出农村用地—建设用地（Y_1）和产业结构（X_1）、农业经济（X_2）、畜牧业经济（X_3）、农业人口（X_4）的回归分析的决定系数绝对值在0.172~0.359，说明三产业的产业结构变化的因素对土地利用变化影响比较大；园地—林地（Y_2）和产业结构（X_1）、农业经济（X_2）、畜牧业经济（X_3）、农业人口（X_4）的回归分析的决定系数绝对值在0.190~0.401，说明农业经济的变化对土地利用变化的影响大；未利用地（Y_3）和产业结构（X_1）、农业经济（X_2）、畜牧业经济（X_3）、农业人口（X_4）的回归分析的决定系数绝对值在0.045~0.678，显示农业经济（X_2）的决定系数（0.678）有1%的显著水平，显示农村人口变化（X_4）的决定系数（0.445）有5%的显著水平，说明农业经济和畜牧业的变化对土地利用变化的影响大。水域及水利设施用地（Y_4）和产业结构（X_1）、农业经济（X_2）、畜牧业经济（X_3）、农业人口（X_4）的回归分析的决定系数绝对值在0.004~0.412，说明农村人口变化对土地利用变化的影响大。

表2-4 旋转成分矩阵 a

指标	第1因子（产业结构，X_1）	第2因子（农业经济，X_2）	第3因子（畜牧业经济，X_3）	第4因子（农业人口，X_4）
农村人口比率	0.07	0.14	−0.30	−0.83
自然增长率	−0.51	0.12	−0.11	0.68
占第一产业生产总值百分比	0.86	0.38	0.06	−0.23
占第二产业生产总值百分比	−0.96	−0.12	−0.15	0.13
占第三产业生产总值百分比	0.87	−0.31	0.25	0.07
人均生产总值（元）	−0.10	0.33	−0.78	−0.37
农户平均牲畜（万头）	0.25	0.09	0.95	0.01
每单位面积粮食产量（吨/公顷）	0.43	−0.64	0.20	0.54
社会消费品零售总额（万元）	0.19	0.96	−0.04	0.01
方差的百分比	33.10	19.46	19.33	18.33

提取方法：主成分旋转法，具有 Kaiser 标准化的正交旋转法。a 旋转在 7 次迭代后收敛。

表2-5 回归分析结果（标准回归系数和显著性水平）

成分	Y_1 标准系数	Sig.	Y_2 标准系数	Sig.	Y_3 标准系数	Sig.	Y_4 标准系数	Sig.
X_1	0.359	0.305	0.077	0.825	0.045	0.839	0.260	0.430
X_2	−0.193	0.570	−0.401	0.274	−0.678	0.015***	−0.412	0.225
X_3	0.172	0.613	0.014	0.968	0.157	0.483	−0.302	0.363
X_4	0.262	0.445	0.190	0.591	0.445	0.074*	−0.004	0.991
显著概率		0.002**		0.481		0.060*		0.534

*： 10% ≥ * ≥ 5% 的显著性水平；

**： 5% ≥ * ≥ 1% 的显著性水平；

***：1% ≥ * 的显著性水平。

四、2022 年赤峰市主要地类数据调研

根据（2022 年 1 月 28 日）赤峰市第三次全国国土调查领导小组办公室、赤峰市自然资源局、赤峰市统计局调查数据，现将全市"三调"主要地类数据公布如下。

（一）湿地数据

赤峰市湿地面积为 7.11 万公顷（106.65 万亩）。其中，森林沼泽面积为 0.013 万公顷（0.195 万亩），占湿地面积的 0.19%；灌丛沼泽面积为 0.93 万公顷（13.95 万亩），占湿地面积的 13.06%；沼泽草地面积为 0.54 万公顷（8.10 万亩），占湿地面积的 7.58%；内陆滩涂面积为 3.73 万公顷（55.95 万亩），占湿地面积的 52.48%；沼泽地面积为 1.90 万公顷（28.50 万亩），占湿地面积的 26.70%。全市除红山区外其余旗县区均有湿地分布，湿地主要地类为内陆滩涂。在内陆滩涂占比中，按照面积从大到小排在前三位的旗县区为阿鲁科尔沁旗 1.21 万公顷（18.15 万亩）、巴林左旗 0.70 万公顷（10.50 万亩）、巴林右旗 0.69 万公顷（10.35 万亩）。全市的森林沼泽均在克什克腾旗。湿地面积超过 1 万公顷的旗县区有 2 个，分别为克什克腾旗 3.44 万公顷（51.60 万亩）、阿鲁科尔沁旗 1.22 万公顷（18.30 万亩）。

第二章　赤峰市新型城镇化及土地利用变化

（二）耕地数据

赤峰市耕地面积为 182.93 万公顷（2743.95 万亩）。其中，水田面积为 2.24 万公顷（33.60 万亩），占耕地面积的 1.23%；水浇地面积为 79.98 万公顷（1199.70 万亩），占耕地面积的 43.72%；旱地面积为 100.71 万公顷（1510.65 万亩），占耕地面积的 55.05%。全市耕地主要地类为旱地和水浇地。其中，红山区、元宝山区、林西县、克什克腾旗和喀喇沁旗五个旗县区无水田分布，松山区有零星水田分布。全市耕地面积超过 10 万公顷（150 万亩）的旗县区有 8 个，分别是翁牛特旗 34.15 万公顷（512.25 万亩）、敖汉旗 31.29 万公顷（469.35 万亩）、阿鲁科尔沁旗 23.85 万公顷（357.75 万亩）、松山区 19.74 万公顷（296.10 万亩）、巴林左旗 15.56 万公顷（233.40 万亩）、宁城县 13.46 万公顷（201.90 万亩）、巴林右旗 13.15 万公顷（197.25 万亩）、克什克腾旗 11.01 万公顷（165.15 万亩）。年平均降水量全部在 200~400 毫米之间，全部为一年一熟制的耕地。

（三）种植园地数据

赤峰市种植园用地面积为 1.41 万公顷（21.15 万亩）。其中，果园面积为 1.40 万公顷（21.00 万亩），占种植园用地面积的 99.30%；其他园地面积为 0.01 万公顷（0.15 万亩），占种植园用地面积的 0.70%。全市种植园用地主要地类为果园，其他园地分布在翁牛特旗、敖汉镇、宁城县、喀喇沁旗、克什克腾旗，其中面积最多的是翁牛特旗 46.41 公顷（696.15 亩）。全市种植园用地面积超过 0.1 万公顷的旗县区依次为宁城县 0.38 万公顷（5.70 万亩）、喀喇沁旗 0.30 万公顷（4.50 万亩）、林西县 0.16 万公顷（2.40 万亩）、阿鲁科尔沁旗 0.14 万公顷（2.10 万亩）和松山区 0.12 万公顷（1.80 万亩）。

（四）林地数据

赤峰市林地面积为 329.95 万公顷（4949.25 万亩）。其中，乔木林地面积为 128.59 万公顷（1928.85 万亩），占林地面积的 38.97%；灌木林地面积为 161.69 万公顷（2425.42 万亩），占林地面积的 49.01%；其他林地面积为 39.66 万公顷（594.90 万亩），占林地面积的 12.02%。林地主要分布为灌木林地。全市除红山区和元宝山区林地面积小于 3 万公顷（45 万亩）外，其余旗县区林地面积均大于10万公顷（150万亩）。从分布状况看，林地分布不均衡。

（五）草地数据

赤峰市草地面积为266.324万公顷（3994.86万亩）。其中，天然牧草地面积为213.74万公顷（3206.10万亩），占草地面积的80.49%；人工牧草地面积为4.82万公顷（72.30万亩），占草地面积的1.81%；其他草地面积为47.76万公顷（716.47万亩），占草地面积的17.70%。全市草地面积超过10万公顷（150万亩）的旗县区有6个，按照面积大小依次为克什克腾旗、阿鲁科尔沁旗、巴林右旗、翁牛特旗、巴林左旗和松山区。草地面积较小的旗县区依次为红山区0.42万公顷（6.30万亩）、元宝山区0.81万公顷（12.15万亩）、喀喇沁旗3.01万公顷（45.15万亩）、宁城县3.17万公顷（47.55万亩）、林西县6.24万公顷（93.60万亩）、敖汉旗6.98万公顷（104.70万亩）。其中，红山区、元宝山区和宁城县无天然牧草地和人工牧草地。从分布状况来看，北部与西部旗县草地较多，主要在贡格尔草原、大兴安岭南麓。

（六）城镇村及工矿用地

赤峰市城镇村及工矿用地面积为21.81万公顷（327.15万亩）。其中，城市面积为1.05万公顷（15.75万亩），占城镇村及工矿用地面积的4.81%；建制镇面积为2.19万公顷（32.85万亩），占城镇村及工矿用地面积的10.02%；村庄面积为16.01万公顷（240.15万亩），占城镇村及工矿用地面积的73.39%；采矿用地面积为2.32万公顷（34.80万亩），占城镇村及工矿用地面积的10.60%；风景名胜及特殊用地面积为0.25万公顷（3.75万亩），占城镇村及工矿用地面积的1.15%。

（七）交通运输用地数据

赤峰市交通运输用地面积为9.94万公顷（149.10万亩）。其中，铁路用地面积为0.50万公顷（7.50万亩），占交通运输用地面积的5.01%；公路用地面积为2.82万公顷（42.30万亩），占交通运输用地面积的28.36%；农村道路用地面积为6.59万公顷（98.85万亩），占交通运输用地面积的

66.29%；机场用地面积为 0.03 万公顷（0.45 万亩），占交通运输用地面积的 0.32%；管道运输用地面积为 0.0016 万公顷（0.024 万亩），占交通运输用地面积的 0.02%。

（八）水域及水利设施用地数据

赤峰市水域及水利设施用地面积为 9.53 万公顷（142.95 万亩）。其中，河流水面面积为 5.05 万公顷（75.75 万亩），占水域及水利设施用地面积的 52.98%；湖泊水面面积为 2.36 万公顷（35.40 万亩），占水域及水利设施用地面积的 24.72%；水库水面面积为 1.04 万公顷（15.60 万亩），占水域及水利设施用地面积的 10.88%；坑塘水面面积为 0.30 万公顷（4.50 万亩），占水域及水利设施用地面积的 3.19%；沟渠面积为 0.63 万公顷（9.45 万亩），占水域及水利设施用地面积的 6.63%；水工建筑用地面积为 0.15 万公顷（2.25 万亩），占水域及水利设施用地面积的 1.60%。全市水域及水利设施用地面积超过 1 万公顷（15 万亩）的旗县区有 3 个，分别是克什克腾旗 3.07 万公顷（46.05 万亩）、巴林右旗 1.97 万公顷（29.55 万亩）和翁牛特旗 1.61 万公顷（24.15 万亩）。全市水域及水利设施用地面积低于 0.1 万公顷（1.5 万亩）的是元宝山区 0.081 万公顷（1.215 万亩）、红山区 0.064 万公顷（0.96 万亩）。

"三调"是一次重大国情国力调查，也是党和国家机构改革后统一开展的自然资源基础调查。"三调"数据成果全面客观反映了赤峰市国土利用状况，也反映出耕地保护、生态建设、节约集约用地方面存在的问题，必须采取有针对性的措施加以改进。要坚持最严格的耕地保护制度，压实地方各级党委和政府耕地保护责任，实行党政同责。要坚决遏制耕地"非农化"、严格管控"非粮化"，从严控制耕地转为其他农用地。从严查处各类违法违规占用耕地或改变耕地用途行为。规范完善耕地占补平衡。确保完成国家规划确定的耕地保有量和永久基本农田保护目标任务。要坚持系统观念，加强顶层规划，因地制宜，统筹生态建设。要坚持节约集约，合理确定新增建设用地规模，提高土地开发利用效率。继续推动城乡存量建设用地开发利用，完善政府引导市场参与的城镇低效用地再开发政策体系。强化土地使用标准和节约集约用地评价，大力推广节地模式。

"三调"成果是国家制定经济社会发展重大战略规划、重要政策举措的基本依据。赤峰市要加强"三调"成果共享应用,将"三调"成果作为国土空间规划和各类相关专项规划的统一基数、统一底图,推进国家治理体系和治理能力现代化。

五、赤峰市土地利用变化的总结

第一,当前我国土地组成类型有耕地、园地、林地、草地、城镇村及工矿用地、交通运输用地、水域及水利设施用地、未利用地八大类型。赤峰市人口密度大,劳动力充足,城市用地主要以农业用地为主,土地集约利用水平较低,但正在逐步提高。

第二,以近几年赤峰市土地利用的变化可知,耕地、园地、林地、城镇村及工矿用地、交通运输用地、水域及水利设施用地、未利用地的面积有所提高,草地的面积相对减少,且不同土地类型变化的速度为交通运输用地＞林地＞园地＞耕地＞城镇村及工矿用地＞水域及水利设施用地＞未利用地＞草地。

第三,赤峰市红山区、元宝山区、敖汉旗土地利用相对程度较高,林西县、松山区、巴林右旗、克什克腾旗土地利用相对程度较低。

第四,三产业的产业结构、农业经济、农村人口、畜牧业经济驱动力因素的变化对土地利用变化影响比较大。

第五节　赤峰市节约集约用地评价与控制

一、存量建设用地利用潜力评价结果

土地集约度是指在特定的历史时期和特定的经济技术条件下,土地利用所能够达到的最优化的土地集约程度。土地集约利用潜力是随着经济、社会的发展和技术的改进而不断发展变化的,但在短时期内是相对稳定的,即不同的历史时期有不同的土地利用水平和土地集约利用潜力。

(一)城镇建设用地集约利用潜力

城镇用地集约利用潜力主要包括以下三种类型:一是现状城镇用地规划范围的空闲、闲置用地和批而未供的土地;二是已利用但利用强度较低的土

地，即城镇用地中低效利用的土地，主要是通过旧城改造而带来的潜力；三是利用效益不好，需要进行结构性调整的土地，这类土地主要是由于城镇发展中产业结构变化快于土地利用结构的变化，由此导致部分土地利用效益下降，土地利用不符合集约利用要求。通过土地利用结构调整可获得土地利用潜力。

建设用地集约利用标准是在现有平均先进生产技术和生活设施条件下，满足社会生产生活及合理的环境水平所需要的用地条件。人均城镇建设用地是反映城镇建设用地集约利用水平最直观的指标。结合赤峰市的实际情况，确定人均城镇用地 120 平方米/人为赤峰市规划期内的理想值，并以此为依据计算赤峰市规划期内城镇建设用地的理论潜力。

$$S_i = S_0 - B_i \times P_0$$

式中：S_i 表示在参照标准下城镇建设用地集约潜力；

S_0 表示 2005 年城镇建设用地面积；

B_i 表示第 i 级人均城镇用地面积标准值；

P_0 表示 2005 年非农业人口。

经过计算得到赤峰市城镇建设用地的理论潜力为 2036.99 公顷。根据赤峰市城镇存量建设用地专项调查结果得出，赤峰市城区、建制镇规划区范围内闲置土地面积为 14.51 公顷，空闲土地面积为 45.82 公顷，批而未用土地面积为 0.53 公顷，共计 60.87 公顷。

从理论潜力与实际调查结果比较可见，城镇建设用地理论潜力与实际潜力存在较大差距，主要是因为我国长期以来采用农业人口与非农业人口的户籍管理制度，大大限制了城市的健康发展。随着经济快速发展与户籍管理改革，大量农业人口涌入城镇，导致城镇人均建设用地集约度提高（实际上部分人口在城市并没有居住场所）。城镇建设用地改革是一个缓慢前进的过程，从当前考虑看，存量建设用地对于提高城镇建设用地节约集约利用的意义较大。

（二）水利设施用地集约利用潜力

水利作为基础设施建设产业，在国民经济发展中占有十分重要的地位。水是基础性自然资源、战略性经济资源和公共性社会资源，水利是国民经济和社会发展的重要基础设施，水资源的可持续利用直接关系着全面建设小康社会目标的实现,水利发展将为全面建设小康社会提供有力的支撑和保障。经过长期水利治理整顿,赤峰市水利设施用地集约节约利用水平较高,可开发利用潜力不大。

二、促进节约集约用地的相关政策与措施

当前和今后一个时期,赤峰市城市化和工业化进程将不断加快,土地供需矛盾会更加突出。为了满足经济社会发展对建设用地的需求,在保证一定数量耕地的前提下,必须利用政治、经济等多种手段,引导建设项目走挖潜存量土地、集约利用土地的模式。通过合理调整土地利用结构,加强规划实施力度,认真贯彻城乡建设用地增减挂钩等政策措施提高赤峰市土地节约集约利用水平。

(一)调整土地利用结构

1. 科学确定耕地和基本农田的保有目标

耕地和基本农田的保有目标不但关系到国家和自治区农业发展的稳定形势与国家粮食安全,而且直接影响着城乡建设的规划发展空间。由于经济社会条件的限制,仅从存量土地挖潜不可能满足经济发展对土地的需求。因此,耕地和基本农田绝对不减少是很难实现的,科学预测和合理确定赤峰市的耕地保有量和基本农田保护面积,为经济发展提供一定数量的用地空间,稳步推进土地集约利用才是符合土地利用基本规律的。

2. 合理确定建设用地控制规模和布局

建设用地规模增长,不可避免地要占用耕地甚至是基本农田,但建设用地不能盲目增加,必须结合经济社会发展水平和生产技术条件,科学预测建设用地总规模,逐步增加投入,提高集约利用水平,实行城乡统筹规划,才能实现建设用地增加和保护耕地的统一。

3. 大力开展农村居民点整理

随着工业化、城镇化进程的加快,农村人口逐渐减少,赤峰市农村居民点面积并没有随之减少,"空心村"、一户多宅等现象严重。规划应把提高村庄用地的集约利用水平作为重点突破口,结合社会主义新农村建设和生态移民工程,大力开展农村居民点整理,不断提高村庄用地的集约利用水平。

4. 兼顾生态效益，保护生态平衡

在为经济社会提供土地资源保障中，绝不能超越土地资源的承载能力和环境容量。集约利用并不是无限制地对土地进行投入，而是要兼顾经济效益和生态效益，做到合理安排各类建设用地，达到人与自然和谐共存的目的。

（二）加强规划实施的力度

1. 提高规划的权威性，建立实施保障机制

要严格执行土地利用总体规划和年度供应计划。一是严格控制征地规模和建设用地供应总量，将折抵指标纳入土地利用年度计划管理，对农用地转用计划实行指令性管理。二是要严格农用地转用和具体建设项目供地审批管理，严禁规避法定审批程序，将单个建设项目用地拆分审批。三是严格执法，对违法批地、乱占滥用土地、非法买卖土地等行为严肃依法查处，不仅要查事，而且要查处责任人，对典型案例也要公开处理。

2. 合理调整建设用地的规划布局结构

新一轮土地利用总体规划编制中，必须充分进行研究，平衡需求布局，合理调整建设用地布局结构，以提高规划的有效性和适用性。

3. 增强规划的弹性

过分强调规划指标的刚性，容易造成死板教条，增强规划的弹性，则可以及时调整规划中的不足，使建设用地向节约和集约利用方向发展。在保证"刚性"指标不变的情况下，依据不断变化的情况，充分发挥各强制指标内部及相互间可合理调剂的因素的作用，协调掌握各类用地的利用情况。

（三）推行节约和集约利用土地政策建议

1. 加强土地利用计划管理

从严从紧控制农用地转为建设用地的总量和速度。农用地转用的年度计划实行指令性管理，跨年度结转使用计划指标必须严格规范。改进农用地转用年度计划下达和考核办法，加强农用地转用审批的规划和计划审查，强化土地利用总体规划和土地利用年度计划对农用地的控制和引导。

2. 实行强化节约和集约用地政策

对工矿用地和城镇用地的布局及规模，要综合考虑环境承载能力、交通状况、耕地保护、人口增长、投资密度、工业发展趋势和城市经济发展远

景等因素，对于大型项目，要逐步引导发展园区经济。这样既可以科学配置土地资源，提高土地利用率，又便于企业发展，形成企业规模优势和产业优势，促进土地的集约利用，同时还有利于土地流转，提高土地效益，避免企业遍地开花，浪费土地。小城镇建设应避免"空心村"模式，要以原有旧城改造为主，适当增加高层建筑，严格控制新增建设用地，控制城镇建设外延扩张的速度。

3. 积极盘活存量土地

建设用地要严格控制增量，积极盘活存量，把节约用地放在首位。严格控制建设占用耕地、林地、草原和湿地的面积，新上的建设项目要充分利用现有建设用地、废弃地和荒地等，少占好地。开展对存量建设用地资源的普查，研究制定鼓励盘活存量的政策措施。对工业用地在符合规划、不改变原用途的前提下，提高土地利用率，增加容积率，可以不再收取或调整土地有偿使用费。基础设施和公益性建设项目也要节约合理用地。供地时要将土地用途、容积率等使用条件的约定写入土地使用合同。对工业项目用地必须有投资强度、开发进度等控制性要求。不按照约定条件使用土地的土地使用权人，要承担相应的违约责任。

实施复垦项目和居民点整理项目，并进行总体评价。只有能够增加有效的优质耕地数量，同时使农民受益，且不破坏生态环境的项目，才能准予立项，否则不能供给新增居民点用地。立项后，应该严格把关，按项目计划完成复垦和整理工作。

4. 节约集约用地与城乡建设用地增减挂钩相结合

（1）节约集约用地与建设用地政策倾斜相挂钩

建立旗县区、开发区集约用地评价考核制度，对节地旗县区、节地开发区、节地企业实行表彰。对土地利用集约化程度高的旗县区、开发区、企业，可以优先提供建设用地指标，并在安排土地开发复垦整理和建设用地指标周转、折抵上予以重点支持；对存在较多闲置、空闲、批而未供和低效利用土地并缺乏挖潜改造措施的地区、企业，要严格限制其新增建设用地的扩张，必要时扣减其建设用地指标。

（2）节约集约用地与城乡建设用地总量控制挂钩相结合

对节约集约用地推进力度大，特别是农村居民点整合治理成效好、中低产田改造力度大的地区，选择条件比较成熟的旗县区、乡镇先期开展建设用地指标挂钩周转试点。组织开展农村建设用地整理挂钩周转指标试点，拿出一定数量的建设用地指标，实行总量控制、封闭运行、定期考核、到期归还原则，专项用于农村居民点建新拆旧，搞好对中低产田改造，努力增加有效耕地面积，并按比例调整成建设用地指标。同时，拿出一定比例的政府土地收益，作为配套或启动资金，专项用于城中村用地改造、城乡接合部和农村居民点整理。鼓励企业参与农村建设用地整理，实行谁投资、谁受益的政策规划。

（3）节约集约用地与国家、自治区级土地整治项目安排相挂钩

对耕地后备资源丰富、为全市耕地保有目标贡献大、集约用地综合水平评价比较好的旗县区，优先申报和安排土地整治项目。

（4）制定城乡建设用地增减挂钩规划

通过实施城乡建设用地增减挂钩规划方案，对农村居民点布局进行合理调整，改善分散零碎、占地面积大的农村居民点，指导建设用地节约集约利用，提高赤峰市建设用地节约集约利用程度。

5. 推进土地资源的市场化配置

严格控制协议用地范围，经营性基础设施用地要完全实行有偿使用。运用价格机制抑制多占、滥占和浪费土地的现象。按现行规定严格执行土地招标、拍卖、挂牌的出让方式，工业用地严格执行《工业用地出让最低价标准》，坚持经营性用地管理和工业用地调控"两条腿"走路。

进一步建立完善土地资源市场配置机制，充分发挥市场对土地资源配置的基础性作用，是提高土地节约集约利用水平的重要途径，是实现土地与资本、技术、信息、管理等生产要素有效组合的根本方法。

6. 完善新增建设用地土地有偿使用费收缴办法

新增建设用地土地有偿使用费，实行先缴后分，按规定的标准全额缴入国库，不得减免，并由国库按规定的比例分成划缴。审计部门要加强对新增建设用地土地有偿使用费征收和使用的监督检查。新增建设用地土地有偿使用费要严格按法定用途使用，由中央支配的部分要向粮食主产区倾斜。探索建立国有土地收益基金，遏制片面追求土地收益的短期行为。

（四）建立土地节约集约利用评价考核体系和考评制度

1. 建立土地节约和集约利用评价考核体系

土地节约集约利用，不仅是土地管理制度问题，它与国家和地方经济社会发展、地方产业结构和发展水平、城镇体系规划布局、农业种植业结构要求等密切相关。建立土地节约和集约评价考核体系，通过制定适当的评定和度量指标，用定量与定性相结合反映和衡量城市的土地利用水平。利用这些指标对全市范围的土地利用情况进行评价，评价结果可以作为考核各旗县区建设用地利用情况和规划指标取得的依据，也可以作为各类用地供地的参考。

2. 建立土地节约集约利用考评制度

完善政府领导的考核机制，通过建立土地节约和集约利用评价考核体系，对土地利用进行评价，把任期内土地利用是否达到节约和集约要求作为考核各级政府工作的重要内容，以此来规范政府的行为，推动全社会在宏观意义上对国土资源进行节约和集约利用。只有树立和落实科学发展观、珍惜和合理利用每一寸土地的观念成为政府领导的共识，集约用地才能取得实效。

第六节　赤峰市土地利用结构调整与调控对策

一、赤峰市土地利用结构调整原则

土地利用结构调整以保护耕地尤其是保护基本农田为原则，积极引导农业结构调整，满足全市农业发展的需求；以与调控指标相协调为原则，合理控制建设用地规模增长，整合城乡建设用地，以满足建设发展的需要；以经济、社会、环境协调发展为原则，以保护生态环境为基础，充分利用存量建设用地、挖掘土地利用潜力，适度开发未利用地。赤峰市土地利用结构的调整遵循以下原则：

第一，优先安排农牧业用地，落实耕地和基本农田保护任务，合理安排畜牧业发展用地。

第二，严格控制建设用地规模，坚持以挖潜存量建设为主，尽量少占或不占耕地。

第三，优先保障交通、水利、能源和国民经济社会发展规划确定的重点项目用地。

第四，提高各类用地的土地利用率、产出水平以及集约利用水平。

二、赤峰市土地利用结构调整方案

根据赤峰市土地资源现状特征，对赤峰市各类土地的适宜性进行评价，并对赤峰市各行业发展用地需求和土地供给总量进行了合理的分析与预测；在对土地供需预测多方案进行比较和优化的基础上，提出了规划期赤峰市土地利用结构调整方案。

第一，农用地调整，增加了园地、林地比重，对加快调整农业品种品质结构、促进农产品由量的优势转向质的提升、促进农民增收具有重要意义。

第二，建设用地调整，城镇工矿用地和交通水利用地有所增加，其中交通用地增加幅度较大，主要是规划期内将有一大批重点基础工程和重大工程项目相继开工建设；农村居民点逐年递减，这与其现状发展和未来农村居民点缩并趋势相符，同时响应国家政策要求，是建设用地节约集约利用的体现。若能对现有建设用地进行适当的挖潜，完全能够保障赤峰市经济社会快速稳步发展的用地需求。

第三，未利用地调整，自然保留地有一定程度的减少，主要原因是赤峰市新增园地和林地主要以开发未利用地为主，所以通过科学合理适量地开发未利用地，提高赤峰市的土地利用率。

三、赤峰市区域土地利用调控对策

（一）制定差异化的区域土地利用政策

不同区域土地资源特点各不相同，导致土地利用方式千差万别，必须从区域土地资源开发利用自身特点出发，结合各区域实地情况，制订差异性区域土地利用政策和措施，合理引导区域土地资源的开发利用行为，杜绝一刀切现象。制订差异性区域土地利用政策，有利于充分发挥各区域土地资源的潜力优势，对实现区域资源的统筹协调发展提供有力保障。

根据各综合区不同经济社会的发展方向，合理安排综合区内用地指标分配，并就各区实际情况制定不同弹性标准及政策等；在基本农田保护区严把基本农田保护关，控制基本农田非农化数量和规模，同时注重基本农田质量的维护工作,确保其合理可持续利用;在发展潜力大、发展速度快,具有工业、建设、旅游用地需求的区域内,给予更大弹性,在规划允许范围内可以适当放宽农地非农化管制,允许区域农地资源在合理规划范围内的用途变更,并通过多给予建设用地指标,增加一定量的建设预留地,以保证区域的快速发展;对生态系统相对脆弱的生态敏感区要实行严格的土地管理措施,防止人类过度行为引起的生态环境恶化。

总之,只有在综合考虑区域发展功能导向的基础上,实施因地制宜的措施,才能既有效地保证区域经济的快速发展,又同时确保区域的社会、生态安全。

(二)建立合理的土地利用效益分配协调机制

通过完善土地发展权的配置与流转机制、建立生态补偿机制等措施,将土地占用的外部性成本纳入地价体系,提高农地非农化门槛。适当降低地方政府在农地非农化过程中的收益份额,相应提高原土地使用权人的收益比例,抑制农地非农化过快的趋势;或通过征收生态补偿费、税,建立生态补偿基金,以补偿生态功能区进行生态与环境保护而损失的经济利益或接纳环境污染转移而造成的社会和经济损失,形成合理的土地利用效益分配协调机制,体现公平与效率,维护区域的协调发展。

(三)建立完善的财政转移支付制度

财政转移支付是体现社会水平、建设和谐社会的重要保证,通过财政转移支付,促进落后地区的发展、对耕地和基本农田的保护及生态环境建设。

加大对落后地区的财政支持,完善财政转移支付制度。通过转移支付政策,对地区间收入进行再分配,均衡不同地区的财力;通过政府投资公共基础设施建设,并与私人投资互补,促进落后地区的经济增长;通过税收政策,一方面可以增加政府财政收入,增强其公共支出能力,另一方面可以通过税收减免、税制调整,制订有利于落后地区发展的税收政策。

(四)建立统筹区域土地利用协调机构,为区域统筹搭建平台

区域土地利用规划的实施主体不明确,要使规划真正落到实处,就必须

建立统筹区域土地利用的协调机构和机制，包括制度化和非制度化的协调机制。在此基础上，建立区域共同发展基金，使协调机构具有相当的经济调控能力和投资管理能力，以促进区域合作与发展。创办由企业家、学者、政府官员共同参与的定期的区域合作发展论坛，建立起"市场驱动、专家研究、政府促成"的区域合作思想与区域协调机制，切实为统筹区域土地搭建平台。

（五）科学合理地配置全市土地利用主要控制指标

规划城乡用地、基本农田保护面积等土地利用主要控制指标的区域配置是适应区域不同经济增长阶段土地合理需求的重要手段，也是落实统筹区域土地利用的具体措施。赤峰市的发展重点无疑是中心城区，只有把中心城区发展好、建设好，才能带动市域经济社会发展。因此，在新增建设用地和基本农田安排上，向中心城区倾斜是必要的。但是，也不能忽视其他旗县区的发展，尤其是各旗县区中心城镇的发展需求，在用地指标安排上应有所考虑。

基础设施发展的不均衡是造成地区差异的重要因素，同环渤海、京津都市圈相比，赤峰市的基础设施建设水平仍十分落后。随着西部大开发战略的逐步实施，只有确保基础设施建设的用地需求，完善基础设施建设，才能使赤峰市在区域中发挥自身优势，增强区域竞争力。

第三章 鄂尔多斯市城镇化发展与土地利用分析

第一节 鄂尔多斯市概况

一、地理环境概况

鄂尔多斯市（北纬37°35'24"~40°51'40"，东经106°42'40"~111°27'20"）地处鄂尔多斯高原腹地，位于内蒙古自治区西南部，东、南、西部与山西省、陕西省、宁夏回族自治区接壤，北部与工业重镇包头，东北部与呼和浩特隔黄河相望。

全市境内有五大类型地貌，自然地理环境的显著特点是高低起伏不平，西北高，东南低，地形地势复杂。北部为黄河冲击的河套平原；西南为草原区，平原（包含草原）约占总土地面积的4.33%；中部有毛乌素、库布齐两大沙漠区，分别占全市总土地面积的28.78%、19.17%，这使鄂尔多斯成为中国沙漠化土地面积最为集中的地区之一；东部丘陵山区及波状高原约占土地面积的47.72%。

鄂尔多斯既有辽阔的草原，也有广袤的大漠，还有开阔坦荡的高原，地形地势丰富多样。

二、资源概况

（一）羊绒资源

阿尔巴斯白山羊——被鄂尔多斯市牧民们称为"草原上的珍珠"，是驰名中外的绒肉兼用型山羊，简称"阿白山羊"，主要生长在鄂尔多斯境内的鄂托克旗阿尔巴斯苏木境内。"阿白山羊"拥有22~28厘米长的体表粗毛，对羊绒制品底绒产生了很好的保护作用。优质的羊绒制品具有光泽良好、手感柔软的特点，而"阿白山羊"的梳绒量大、净绒率高，被羊绒生产者誉为"绒中之王""白色金子"和"软黄金"。故"阿白山羊"的经济潜力巨大，在国际上享有"开司米"绒的美称，被列为全国20个优良品种之一。

（二）沙漠资源

鄂尔多斯市是我国沙漠化面积最为集中的地区。库布齐沙漠是中国第七大沙漠，"库布齐"为蒙古语，意思是弓上的弦，因为它处在黄河下游像一张挂在黄河上的弓弦，因此得名。库布齐沙漠位于鄂尔多斯高原脊线的北部，覆盖鄂尔多斯市杭锦旗、达拉特旗和准格尔旗的部分地区，总面积约145万平方千米，流动沙丘约占61%，长400千米，宽50千米，沙丘高10~60米，像一条黄龙横卧在鄂尔多斯高原北部，横跨鄂尔多斯三旗。同时，库布齐沙漠也是距北京最近的沙漠。

毛乌素沙漠也称鄂尔多斯沙地。毛乌素，蒙古语意为"坏水"，位于陕西省榆林市与鄂尔多斯市之间，鄂尔多斯境内主要分布在鄂托克前旗和乌审旗。毛乌素沙漠面积约为4.22万平方千米，降水较多（年降水量在250~400毫米），有利于植物生长，固定和半固定沙丘的面积较大。

（三）煤炭资源

鄂尔多斯市的煤炭资源储量大，分布面积广，煤质品种齐全，大多埋藏浅，垂直厚度深，容易开采。鄂尔多斯全市已探明煤炭储量约占全国总储量的1/6，共1.496亿多吨。在全市逾8.7万平方千米的土地上，75%的地表下埋藏着煤。如果计算到地下1500米处，煤炭总储量约1万亿吨。全市可划分为四大煤田。准格尔煤田位于东部，桌子山煤田位于西部，东胜煤田位于南部，乌兰格尔煤田位于北部。借助煤炭资源的优势，鄂尔多斯市经济社会的发展取得了骄人的成绩。

（四）石油、天然气

全市境内已经发现 20 多处油气田。石油和天然气的储藏主要位于鄂尔多斯市的鄂托克旗西部和杭锦旗北部乌兰—格尔一带。鄂托克旗是全国天然气储量最大的旗县，拥有世界级最大的整装气田——苏里格气田。苏里格气田已探明储量约 8000 亿立方米，占全国探明储量的 1/3，是西气东输的重要气源地。截止到 2021 年，鄂尔多斯全市境内探明油气储量已超过 10 亿立方米，探明储量超千亿立方米的世界级大型、特大型气田有五个。鄂尔多斯市具有两个能源优势：煤炭和天然气，它们共同助推鄂尔多斯市的经济发展，也将成为鄂尔多斯市新型城镇化建设的得天独厚的优势。

（五）建材资源

鄂尔多斯市建材资源在全市 8 个旗都有分布，其中石膏总储量约 35 亿吨，工业储量近 1.5 万亿吨，集中分布于杭锦旗、鄂托克旗和鄂托克前旗境内；石灰岩总储量 3.06 亿吨，主要分布于准格尔旗、鄂托克旗境内；石英砂岩及石英岩总储量约 4.45 亿吨，其中石英砂岩产地 6 处，总储量 53480 吨；鄂尔多斯全市广泛分布黄土，一般厚度为 20~100 米，黄土是烧制陶瓷等器具的天然原料；花岗岩总储量约 1200 万立方米，主要集中于鄂托克旗境内的千里沟，开采条件十分优越；大理岩分布于达拉特旗高头窑乡银肯敖包，岩层厚度约 40 米，分布稳定；鄂尔多斯市境内探明的冶金及其辅助原料，如铁矿等，总储量都在千万吨以上。

（六）鄂尔多斯"能源之最"

世界第一条煤直接液化生产线——神华煤直接液化 108 万吨/年成品油生产线。

世界规模最大的煤制二甲醚项目——中天合创 300 万吨/年二甲醚项目。

世界规模最大的井工煤矿——神华布尔台煤矿。

国内第一条煤间接液化生产线——伊泰煤间接液化48万吨/年煤基合成油生产线。

国内最大的硅电联产项目——鄂尔多斯羊绒集团100万吨/年铁合金生产项目。

国内规模最大的天然气化工项目——博源联合化工公司100万吨/年天然气制甲醇项目。

国内第一大露天煤矿——神华哈尔乌素2000万吨/年露天矿口。

三、社会经济发展概况

2021年，面对复杂的经济环境，鄂尔多斯市委、市政府深入贯彻落实中央和自治区各项决策部署，坚持稳中求进工作总基调，统筹推进疫情防控和经济社会发展，坚持以生态优先、绿色发展为导向，扎实做好"六稳"工作，全面落实"六保"任务，经济社会发展承压前行、稳中向好，高质量发展取得新成效，实现"十四五"良好开局。

（一）综合

初步核算，2021年鄂尔多斯市完成地区生产总值4715.70亿元，扣除价格因素影响，同比增长7.0%。分产业看，第一产业增加值为148.43亿元，同比增长4.4%；第二产业增加值为3077.88亿元，同比增长6.4%；第三产业增加值为1489.39亿元，同比增长8.0%；三次产业结构为3.1：65.3：31.6。人均地区生产总值达到218118元，同比增长6.3%。详见图3-1。

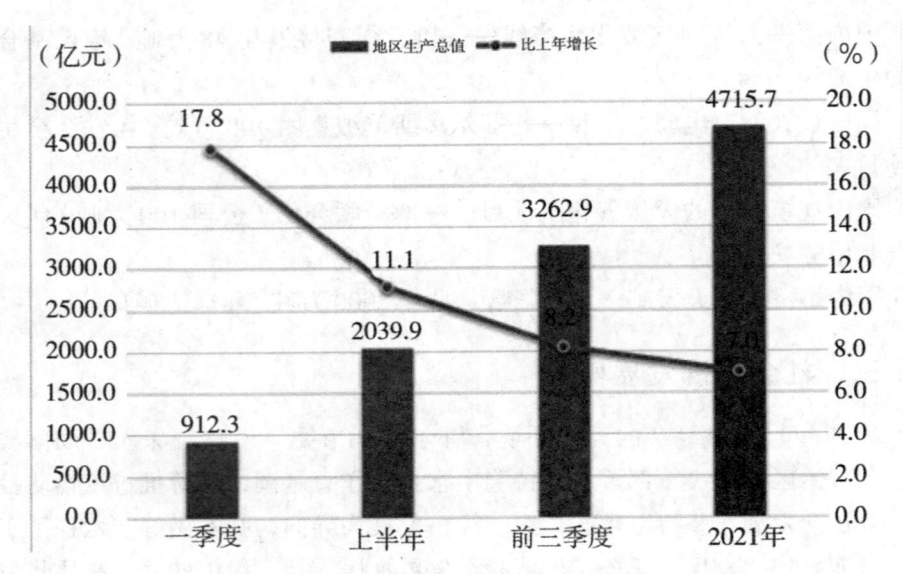

图 3-1 2021 年鄂尔多斯市地区生产总值及增长速度

2021年末鄂尔多斯市常住人口216.84万人,比上年末增加1.28万人。其中,城镇人口为169.31万人,比上年末增加2.39万人,乡村人口为47.53万人,比上年末下降1.11万人;常住人口城镇化率达78.08%,比上年提高0.63个百分点。全年出生人口为1.71万人,出生率为7.91‰;死亡人口为1.18万人,死亡率为5.44‰;人口自然增长率为2.47‰。

全市城镇新增就业20154人,失业人员再就业5207人,就业困难人员再就业3613人。2021年末全市城镇实有登记失业人员28674人。城镇登记失业率为3.11%,控制在5.0%的目标范围内。

全市主城区居民消费价格总水平比2020年同期上涨2.6%。分类别看,食品烟酒类价格上涨1.1%,衣着类上涨2.6%,居住类上涨2.9%,生活用品及服务类上涨0.3%,交通和通信类上涨6.9%,教育文化和娱乐类上涨0.4%,医疗保健类上涨3.6%,其他用品和服务类上涨0.3%。

高质量发展稳步推进。全市规模以上工业中,非煤产业增加值同比增长8.0%,占比28.4%。新产业增长较快,规模以上工业中高新技术企业达到77家,占规模以上工业企业总户数的16%,高新技术企业收入达到1820亿元,同比增长46.4%,占到规模以上工业企业收入总额的27.2%。高技术投资同比增长90.4%。

绿色低碳转型加快推进。2021年全年规模以上工业综合能源消费量同比增长 0.72%，其中六大高耗能行业综合能源消费量同比增长 1.7%。能源利用效率持续提升。全市可再生能源发电总装容量达到 413.8 万千瓦，占比 14.1%，较上年提升 2.1 个百分点。其中，光伏发电装机 287.3 万千瓦，风电装机 44.5 万千瓦，水电装机 76 万千瓦，生物质发电装机 6 万千瓦。全年新增新能源装机 100.8 万千瓦。

（二）农牧业

2021 年全年现价农林牧渔及服务业总产值 252.1 亿元，按可比价格计算，同比增长 4.5%。其中，农业总产值 144.2 亿元，同比增长 3.0%；林业总产值 8.3 亿元，同比增长 25.0%；牧业总产值 92.6 亿元，同比增长 4.9%；渔业总产值 2.5 亿元，同比增长 7.4%；农林牧渔服务业总产值 4.5 亿元，同比增长 6.3%。

全市农作物总播种面积 456.7 千公顷。其中，粮食作物播种面积 324.9 千公顷，经济作物播种面积 131.8 千公顷，油料播种面积 28.6 千公顷，蔬菜及食用菌播种面积 11.9 千公顷。2021 年全年粮食总产量 201.0 万吨，同比增长 2.3%；油料产量 8.7 万吨，同比下降 13.2%；甜菜产量 1.2 万吨，同比下降 66.6%；蔬菜及食用菌产量 42.9 万吨，同比下降 2.3%，详见表 3-1。该市 2016-2021 年粮食产量情况见图 3-2。

表3-1 2021年鄂尔多斯市主要农产品产量

指标	产量（万吨）	增长（%）
粮食	201.0	2.3
油料	8.7	-13.2
甜菜	1.2	-66.6
蔬菜及食用菌	42.9	-2.3

（万吨）

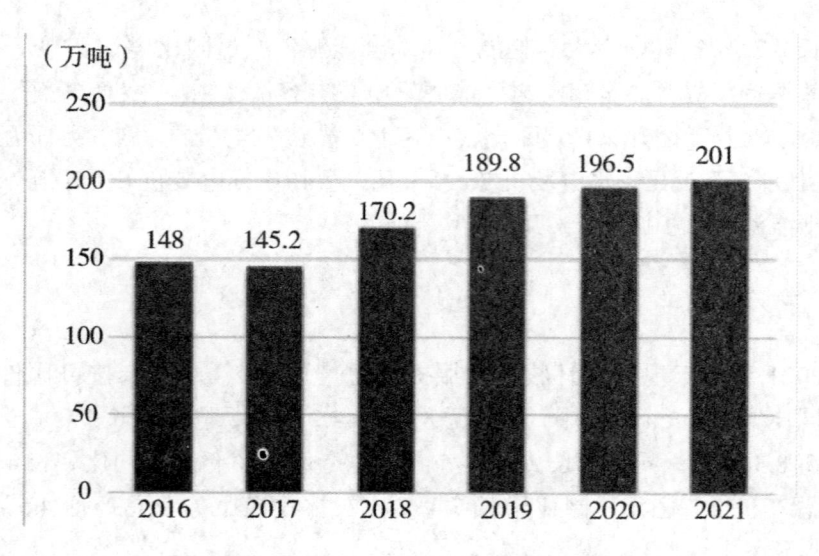

图 3-2　2016—2021年鄂尔多斯市粮食产量

全市拥有农业机械总动力278.5万千瓦，同比增长2.8%。拥有大中型拖拉机2.6万台，同比增长6.8%；排灌机械6.7万台（套），同比增长0.4%，其中节水灌溉类机械7125套，同比增长6.2%；联合收获机2127台，同比增长3.3%。机械耕地面积占农作物总播种面积的比重为94.5%，机械播种面积占比为91.6%，收获机械化率达到72.1%，农业耕种收综合机械化水平达到86.5%。

（三）工业

2021年全年规模以上工业增加值按可比价同比增长5.8%。规模以上工业企业481家，较去年增加22家。工业产品产销率达99.6%。按轻重工业分，轻工业增长22.2%、重工业增长5.8%；按经济类型分，国有企业增长38.8%，集体企业下降78.2%，股份制企业增长5.6%，外商及港澳台投资企业增长9.0%，其他经济类型工业企业下降0.8%。按三大门类分，采矿业增长5%，制造业增长4.9%，电力、热力、燃气及水生产和供应业增长13.3%。三大门类比重分别为78.1%、14.8%和7.1%。

规模以上工业企业实现营业收入6701.9亿元，同比增长61.3%；利润总额1914.9亿元，同比增长200.6%。亏损企业106户，比上年减少14户。企业亏损面22%，比上年末下降3.1个百分点；亏损企业亏损额106亿元，同比增长 21.7%。

全市五成以上的工业产品保持增长态势。规模以上原煤产量 67283.1 万吨，同比增长 3.7%；规模以上发电量 1300.9 亿千瓦时，同比增长 3.6%；精甲醇 1268.3 万吨，同比增长 2.2%；化肥 282.3 万吨，同比增长 6.7%；乙二醇 67.5 万吨，同比增长 9.1%；多晶硅 11558.7 吨，同比增长 19.4%；石墨及碳素制品 6.2 万吨，同比增长 12.0%；液晶显示屏 9115 万个，同比增长 39.0%。

（四）服务业

2021 年全年服务业增加值为 1489.39 亿元，同比增长 8.0%。批发和零售业增加值 271.93 亿元，同比增长 8.3%；住宿和餐饮业增加值 64.19 亿元，同比增长 11.4%；交通运输、仓储和邮政业增加值 274.14 亿元，同比增长 9.1%；金融业增加值 128.72 亿元，同比增长 7.1%；房地产业增加值 150.21 亿元，同比增长 11.5%。全年 276 户规模以上服务业企业实现营业收入 402.7 亿元，同比增长 12.8%。

（五）建筑业和房地产开发

2021 年末全市具有资质等级的建筑施工企业共 180 个，全年总承包和专业承包建筑业总产值 144.8 亿元，同比增长 21.5%；竣工产值 67.4 亿元，同比下降 10.5%。建筑业企业房屋建筑施工面积 330.2 万平方米，同比增长 34.2%；竣工面积 95.4 万平方米，同比下降 31.3%。

全市房地产开发投资 118.6 亿元，同比增长 75.9%。其中，商品住宅投资 90.2 亿元，同比增长 77.2%；商业营用房投资 12.1 亿元，同比增长 20.3%。房屋施工面积 2630.3 万平方米，同比增长 20.7%；房屋竣工面积 95.2 万平方米，同比增长 110.1%。商品房销售面积 161.5 万平方米，同比增长 79.9%；商品房销售额 1052796 万元，同比增长 101.5%。

（六）固定资产投资

2021 年全市 500 万元以上固定资产投资同比增长 20.8%。其中，民间投资同比增长 33.4%，民间投资占总投资比重 49.6%。全市亿元以上项目

316个，亿元以上项目投资额比上年增长9.4%。

从三次产业投资看。第一产业投资同比增长27.9%，第二产业投资同比增长21.6%，第三产业投资同比增长19.2%。主要工业行业投资中，采矿业投资同比增长78.3%；制造业投资同比增长1.6%；电力、燃气及水的生产和供应业投资同比增长0.4%。第三产业投资中，住宿和餐饮业同比下降32.7%；水利、环境和公共设施管理业投资同比增长40.8%；教育投资同比增长17.0%。该市2021年固定资产投资一、二、三产业比重如图3-3所示。

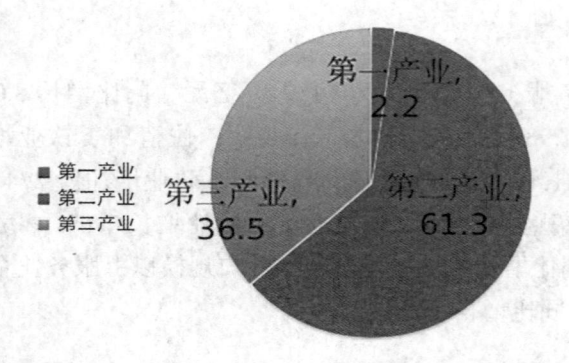

图3-3　2021年固定资产投资一、二、三产比重（%）

（七）国内贸易

2021年，全市在限额以上单位商品零售额中，粮油、食品类同比增长5.9%；日用品类同比增长25.2%；服装、鞋帽、针纺织品类同比增长16.8%；中西药品类同比增长64.5%；化妆品类同比增长6.2%；金银珠宝类同比增长36.9%；建筑及装潢材料类同比增长6.2%；汽车类同比增长10.0%。全市实现社会消费品零售总额608.3亿元，同比增长7.6%。其中，城镇消费品零售额529.6亿元，同比增长7.5%，乡村消费品零售额78.8亿元，同比增长8.5%。鄂尔多斯市2016-2021年社会消费品零售总额及其增长速度如图3-4所示。

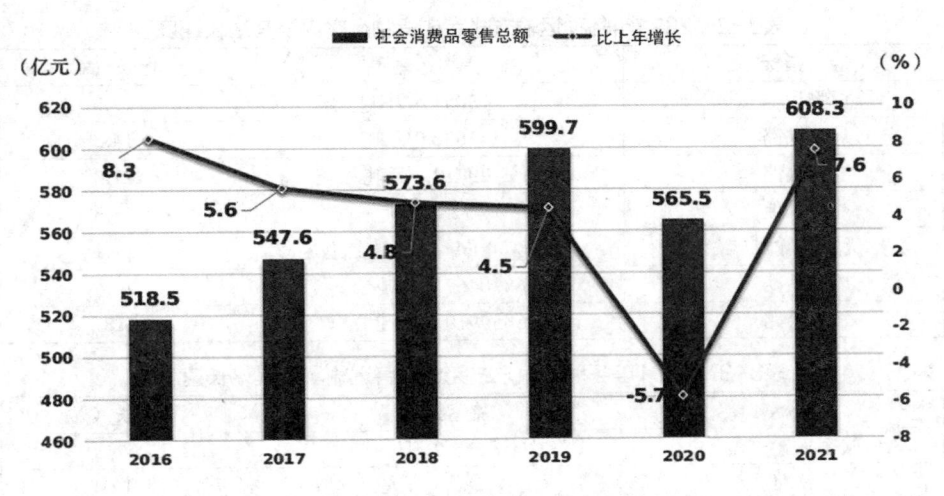

图 3-4　2016—2021 年鄂尔多斯市社会消费品零售总额及其增长速度

（八）对外经济

2021年全年利用外资新签项目数2个，实际使用外商直接投资9.6亿美元。全市完成进出口总额89.3亿元（人民币，下同），同比增长94.1%。其中，进口总额31.2亿元，同比增长42.1%；出口总额58.1亿元，同比增长141.7%。

（九）交通、邮电

2021年，鄂尔多斯机场全年共营运航线51条，通航城市43个。铁路通车里程达2660公里；全市公路总里程24884公里，其中高速公路里程1311公里，公路网密度为28.6公里/百平方公里。全市铁路客运量283.3万人次，同比增长12.4%；货运量43636万吨，同比增长14.3%。全市公路客运量131.6万人次，同比下降60%；货运量29414.7万吨，同比增长22%。全市民航旅客吞吐量150.3万人次，同比增长10.1%；货邮吞吐量7283.5吨，同比增长45.3%。全市机动车拥有量81.3万辆，同比增长8%，其中新注册6万户。该市2021年各种运输方式完成货物运输量及其增长速度如表3-2所示，各种运输方式完成旅客运输量及其增长速度如表3-3所示。

表3-2 2021年各种运输方式完成货物运输量及其增长速度

指标	货物运输量	增长（%）
货物运输总量	73051.4 万吨	17.6
铁路	43636.0 万吨	14.3
公路	29414.7 万吨	22.0
民航	7283.5 吨	45.3
货物运输周转量	11940386.9 万吨公里	17.1
铁路	6880467.6 万吨公里	16.4
公路	5059919.3 万吨公里	18

表3-3 2021年各种运输方式完成旅客运输量及其增长速度

指标	旅客运输量	增长（%）
旅客运输总量	565.2 万人	−21.0
铁路	283.3 万人	12.4
公路	131.6 万人	−60.0
民航	150.3 万人	10.1
旅客运输周转量	65131.5 万人公里	−62.5
铁路	46110.1 万人公里	15.3
公路	19021.4 万人公里	−71.0

2021年全年实现邮电业务收入28.6亿元，同比增长9.2%。其中，邮政快递业务收入5.6亿元，同比增长23.2%；电信业务收入23亿元，同比增长6.6%。2021年末固定电话用户14.8万户，移动电话用户267.9万户，宽带用户69.5万户。全市快递服务业务总量累计完成1.53亿件。

（十）财政、金融和保险业

2021年全市一般公共预算收入完成552.0亿元，同比增长18.7%，其中税收收入完成428.5亿元，同比增长22.3%；非税收入完成123.5亿元，同比增长7.8%。一般公共预算支出729.4亿元，同比增长9.9%。其中，公共安全、教育、科学技术、文化旅游体育与传媒、社会保障和就业、卫生健康、节能环保、城乡社区、农林水、住房保障等民生类支出共计466.0亿元，同比增长13.9%，占一般公共预算支出的63.9%。

全市共有银行法人机构27家，银行营业网点675个，从业人员9920人。2021年末金融机构各项存款余额（人民币）4753.8亿元，同比增长18.3%。其中，非金融企业存款余额1436.2亿元，同比增长51.2%；住户存款余额

2705.8亿元，同比增长12.4%。2021年末金融机构各项贷款余额3491.2亿元，同比增长2.7%。其中，非金融企业及机关团体贷款2934亿元，与去年同期持平；住户贷款557.2亿元，同比增长19.6%。

2021年全市保险公司中心支公司40家，中支以下各级保险机构243家。保险业实现保费收入84.34亿元，同比增长7.2%。其中，财产险收入22.51亿元，同比下降7.3%；寿险收入48.36亿元，同比增长13.7%；健康险收入11.95亿元，同比增长1.2%；意外伤害险收入1.52亿元，同比增长15.6%。各项赔付支出23.29亿元，同比增长8.1%。其中，财产险赔付支出12.93亿元，同比下降4.6%；寿险赔付支出7.05亿元，同比增长40.3%；健康险赔付支出2.92亿元，同比增长9.6%；意外伤害险赔付支出0.39亿元，同比增长23.9%。

（十一）教育和科技

全市有普通高校4所，在校生16935人；普通中等技术学校1所，在校学生1324人；普通高中23所，在校学生31447人；普通初中59所，在校学生69996人；职业中学7所，在校学生8460人；普通小学146所，在校学生176648人；幼儿园339所，在校学生80824人；特殊教育学校3所，在校学生438人。各级各类学校（含幼儿园）共有在校生38.9万人。初中阶段毛入学率为114.1%，高中阶段毛入学率为99.2%。

全市2021年内共登记各类科技成果86项，同比增长10.3%；专利授权量3391件，同比增长35.9%，每万人人口高价值发明专利0.93件；技术合同认定登记88项，成交金额7.5亿元；新认定国家高新技术企业170家，自治区级企业研究开发中心33家。

（十二）文化旅游、卫生健康和体育

2021年全市拥有文化馆、群众艺术馆10个，组织文艺活动966场次，乡镇文化站51个，公共图书馆9个，博物馆23个，艺术表演团体9个，组织开展演出活动1175场次。广播、电视综合覆盖率分别达到99.83%和99.74%。全市放映公益电影13696场次，观众人数达45万人次。

全市共有公立医院24家，社区卫生服务中心37个，社区卫生服务站71个，乡镇卫生院89个，村卫生室572个，疾病预防控制中心10个，妇

幼保健机构 9 个，卫生监督所 10 个。公立医院床位数 7491 张，乡镇卫生院床位数 1450 张。卫生技术人员 17520 人，其中注册医师 6977 人、注册护士 6953 人。

全市共有 A 级旅游景区 47 家，其中国家 5A 级旅游景区 2 家、4A 级旅游景区 27 家、3A 级旅游景区 11 家。共 99 家旅行社，其中具有出境经营权的旅行社 6 家。

全市国家一级社会体育指导员累计 453 人，国家二级社会体育指导员累计 2013 人。2021 年内成功承办 5 项自治区级重要体育赛事、3 项市级体育赛事。全市 9 个旗区共有 51 个苏木乡镇全民健身点，全民健身体系日趋完善。

（十三）城市建设和环境保护

全市建成区面积 277.01 平方公里，道路面积 6142.37 万平方米，供热面积 9460.67 万平方米。全市燃气普及率达 95.50%，污水处理率达 98.73%，生活垃圾无害化处理率为 100%。全市建成区绿地率达 41.42%，建成区绿化覆盖率达 44.60%，人均公园绿地面积达 32.39 平方米。

城市环境空气质量 2021 年全年好于国家二级标准优良天数 313 天，污染 52 天，其中重度污染 0 天，全市二氧化硫均值为 11μg/m³，二氧化氮均值为 22μg/m³，同比分别下降 15.4% 和 12.0%，可吸入颗粒物年平均浓度 57μg/m³。全市城镇集中式饮用水源地的水质达标率 100%（本底值除外）。城镇区域环境噪声等效声级均值为 50.7 分贝，道路交通噪声等效声级均值为 64.4 分贝。

2021 年全年共完成造林面积 86.2 千公顷，森林总面积 2381.4 千公顷，森林覆盖率为 27.41%，草原面积 6523.5 千公顷（其中可利用面积 5826.1 千公顷）。全市有各级自然保护区 11 个，其中国家级自然保护区 3 个、自治区级保护区 8 个，总面积达 951.5 千公顷。

（十四）人民生活和社会保障

2021 年抽样调查资料显示，全体居民人均可支配收入 45638 元，同比增长 7.7%。全体居民人均消费性支出 29398 元，同比增长 15.6%。该市 2016—2021 年城乡常住居民收入及增长速度如图 3-6 所示。

按常住地分，城镇常住居民人均可支配收入达到 53676 元，同比增长 6.7%。从主要收入构成看，工资性收入 34863 元，同比增长 6.9%；经营净收入 9211 元，同比增长 5.8%；财产净收入 5947 元，同比增长 5.9%；转移净收入 3655 元，同比增长 8.5%。城镇居民人均消费性支出 33208 元，同比增长 14.5%。农村牧区常住居民人均可支配收入为 23583 元，同比增长 9.3%。从主要收入构成看，工资性收入 4771 元，同比增长 9.1%；经营净收入 12890 元，同比增长 9.0%；财产净收入 3325 元，同比增长 8.7%；转移净收入 2597 元，同比增长 11.7%。农牧民人均生活消费支出 18945 元，同比增长 16.9%。城镇居民家庭食品烟酒支出占家庭消费总支出的比重为 24.9%，农村为 24.5%。鄂尔多斯市 2021 年按收入构成划分的全体居民人均可支配收入及占比如图 3-5 所示。

城镇居民人均住房建筑面积 41.7 平方米，农牧民人均住房面积 53.6 平方米。每百户城镇居民拥有家用汽车 101 辆，每百户农牧民拥有家用汽车 60 辆。

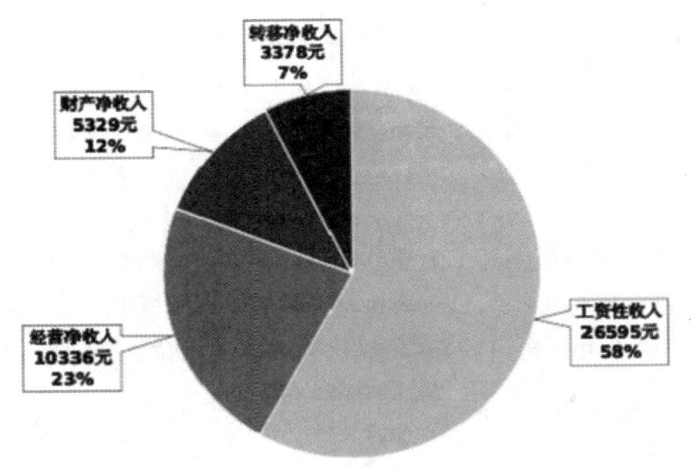

图 3-5　2021 年按收入构成划分的全体居民人均可支配收入及占比

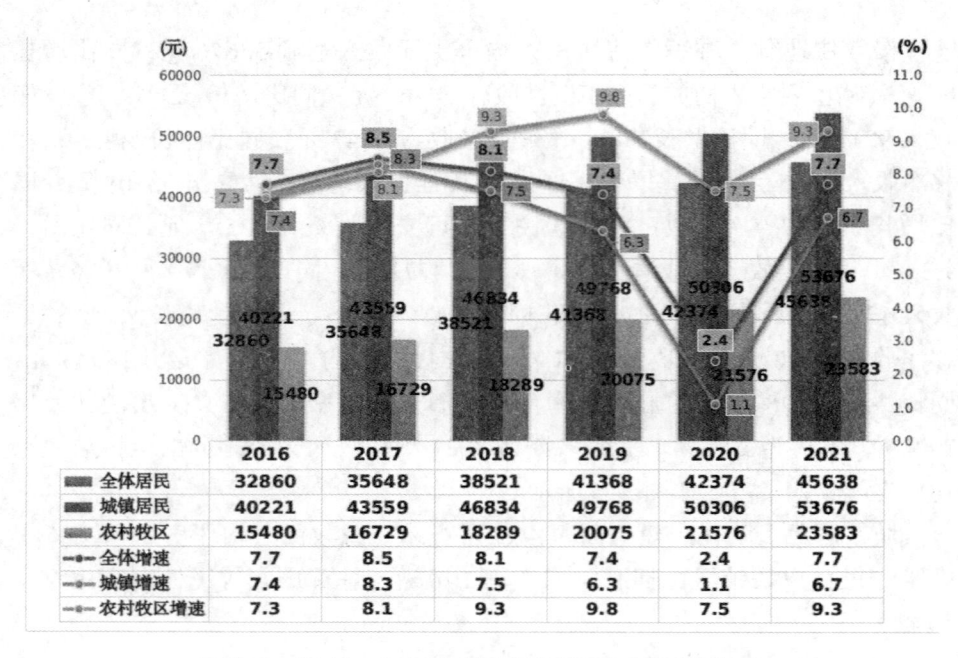

图 3-6 2016—2021 年城乡常住居民收入及增长速度

全市参加城镇职工基本养老保险 58.5 万人；参加城乡居民养老保险 53.5 万人；参加城乡居民医疗保险 118.6 万人，职工医疗保险 53.4 万人；参加工伤保险 41.8 万人；参加失业保险 32.3 万人。年内企业离退休人员月人均养老金水平为 3277 元，城乡居民养老保险月人均养老金水平为 540 元。

全市享受城市最低生活保障 5594 人，享受农村最低生活保障 21422 人。城镇最低生活保障标准提高到每人每月 840 元，农村最低生活保障标准提高到每人每年 7200 元。全市公立养老机构 26 家，床位 2708 张；民办养老机构 45 家，床位 8582 张。

第二节 鄂尔多斯市发展现状

一、煤炭经济带动下的"鄂尔多斯现象"

20 世纪 80 年代后期到 20 世纪 90 年代初，中国经济发展速度非常快，对煤炭、石油等能源的需求日益剧增，再加上当时国家产业结构产生的巨大的能源需求，为鄂尔多斯依煤而兴提供了外部条件。另外，由于长期的贫困

第三章　鄂尔多斯市城镇化发展与土地利用分析

落后，鄂尔多斯市市政府也看到了该地区的能源优势，积极修路筑桥，打通能源走出去的道路壁垒。在政策上，鄂尔多斯市政府大力鼓励、支持各旗区煤矿的新建和开采，积极招商引资共同开发。这些都是鄂尔多斯依煤而兴的内在主因。内外因共同促成了从2002年开始鄂尔多斯连续9年全市GDP总量和财政收入实现爆发式的增长。从2009年开始，鄂尔多斯财政收入远远高于同等级城市。到2010年鄂尔多斯人均GDP甚至超过了许多国内一线城市，实现赶超香港的惊人成绩。究其原因，煤炭资源拉动下的经济发挥了巨大的作用。

2021年，鄂尔多斯市地区生产总值4715.7亿元，扣除价格因素同比增长7.0%；年末常住人口216.8万人，同比增长0.6%。由此计算，2021年，该市人均地区生产总值达到218118元，同比增长6.3%。

"沙多草木稀，地多产量低，人穷文化低"。"一张报纸包三只羊"。这些都是鄂尔多斯20世纪90年代之前的真实写照。从中华人民共和国成立到20世纪80年代后期，鄂尔多斯一直都是西部贫困地区的贫困城市之一，生态环境恶劣，经济发展水平落后。

20世纪80年代后期，鄂尔多斯借助国家能源战略向西转移和"西部大开发"战略的优势，以煤炭化工产业集群为基础，充分发挥先天的煤炭资源优势，走出了一条中华民族贫困地区利用富集资源的优势而迅速致富的发展之路。

内部条件方面，鄂尔多斯煤炭资源具有煤层赋存稳定、瓦斯含量少、埋藏浅、易开发、煤种齐全的特点，适宜兴建大型、特大型矿井。煤种以烟煤为主，另有少量褐煤，主要用于动力煤、化工用煤、煤气化、煤液化等，也可做配焦用煤，煤炭资源品质优良，总体具有低硫、低磷、低灰、中高发热量的"三低一高"特征，广受国内外好评。因此，鄂尔多斯的煤炭产量高、品质好，拉动了当地的经济发展。2021年，全市共销售煤炭72452万吨，较上年增长8%，是我国西部重要的名副其实的能源输出基地。

改革开放后，鄂尔多斯主动作为，根据自身综合条件，以强有力的政府干预为主要手段，大力扶持非公有制经济的发展，对煤炭等主要资源的开发利用率空前加强，走出了一条自力更生的致富之路。学界称之为"鄂尔多斯模式"或"鄂尔多斯现象"。

从贫困地区到"璀璨的明珠"，鄂尔多斯的华丽转身，煤炭资源发挥了决定性的作用。

煤炭是鄂尔多斯主要的工业产品之一，占 GDP 的 64%，可见煤炭对鄂尔多斯经济的重要性。

二、鄂尔多斯房地产业带动下的城镇化建设的情况

外界直观了解鄂尔多斯市是从美国时代周刊的一篇摄影专栏报道开始的，美国时代周刊发表 *Ordos, China: A Modern Ghost Town*（《中国鄂尔多斯：一座现代的鬼城》）。该文章以鄂尔多斯康巴什新区为例阐述了中国经济快速发展过程中的"造城"运动，出现了许多的"鬼城"——城镇整洁、漂亮，但是没有人居住，只是一座城而已。2010 年左右，鄂尔多斯民间借贷的危机开始浮现，依靠民间借贷兴盛的房地产业也开始出现房地产商相互拆借资金和土地的现象，继而房地产业赖以生存的资金保障出现危机，房地产泡沫开始浮现。

鄂尔多斯房地产市场辉煌时期以东胜区、康巴什新区和伊金霍洛旗阿勒腾席热镇 3 个区域为中心，全市七旗都呈现出大拆大建的景象，到处都可以见到塔吊和在建的楼盘。与此形成鲜明对比的正如时代周刊所描述的："康巴什这座耗资 60 亿元、面积达到 32 平方千米的豪华新城成为一座无人居住的'鬼城'，基础设施一应俱全，有办公大厦、行政中心、政府建筑、博物馆、电影院和运动场，中产阶级的复式公寓和别墅将成片的小区塞得满满当当，但是原本用来安置 100 万人口的康巴什却很少有人居住。然而，康巴什新区的住宅虽然入住率不高，但是每套房子都有主人，新区的住宅都已经售出，并且买主大多数是鄂尔多斯人。"

认真梳理成因后，总结如图 3-7 所示：

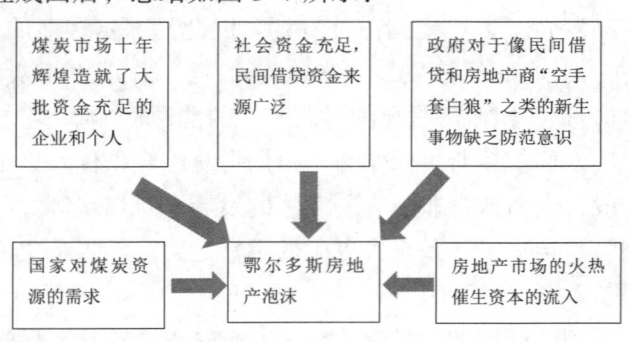

图 3-7 鄂尔多斯房地产泡沫形成原因图

第三章 鄂尔多斯市城镇化发展与土地利用分析

梳理了鄂尔多斯房地产泡沫的形成原因，我们发现，随着鄂尔多斯地区整体社会财富的积累不断增加，更多的社会资本会向回报更高、保值率更高的领域转移，再加上在国家大环境的开发建设以及社会发展过程中人与人之间的相互攀比，在一夜暴富心理潜移默化的作用下，鄂尔多斯地区的居民会对当地房地产市场不断增值产生更加美好的预期。这些因素的共同作用推动住房价格不断升高。

因此，鄂尔多斯地区的商品房价格并不是由市场住房需求所决定的，而是由鄂尔多斯地区当时所拥有的社会资本量左右的。就2010年鄂尔多斯的人口总量来说，当地的住房供求关系已经饱和，花巨资打造的康巴什新区就是一座未来的城。然而，鄂尔多斯的房价仍然居于高位的原因是，其房地产市场有充足的社会资本支持：一是依靠鄂尔多斯煤炭、化工获利的相关企业；二是在当地开发煤矿时拆迁征地的个人在鄂尔多斯黄金十年发展中获利，资金充足。这些企业和个人大都跟风把闲置资金投资于房地产市场。许多房地产公司都会"空手套白狼"——利用向民间集资的资金来买地，或者把自己借到的资金再加利借给别的开发商，赚取差额，由此形成了"资金—房地产，房地产—资金"的相互推高的资本现象。由于民间的拆借利率高达17%~27%，房地产公司不可能将其作为长期的使用资金。多数房地产公司借"民间"的钱去买地，做前期开发的过渡资金，开发商高成本短期融资之后，房屋销售仍可以获得高达30%的利润。正是这样的相互推高造就了鄂尔多斯的房地产泡沫。鄂尔多斯的房地产靠着这样的资金模式近乎疯狂地发展着，甚至一度超过我国一线城市，如北京某年的房价三环以内均价为8000元每平方米，而鄂尔多斯较好的商品房均价已经接近7000元每平方米。人口数量是有限的，但是房子却越盖越多，最后饱和，形成了一座"空城"。

但是，我们应当在当前与未来之间留一点空间，为以后或者更长远的将来考虑。当年的"鬼城"如今一派欣欣向荣，城镇的吸引力慢慢彰显，越来越多的人口开始向城镇迁移，加之政府主导的生态移民与农牧区定居工程，越来越多的农牧民可以享受到城镇的便利。为进一步改善人民群众的居住条件，鄂尔多斯不断加大保障性住房建设力度。随着鄂尔多斯这座城市吸引力的提升，在不久的将来，这座曾经的"鬼城"一定会像设计之初的愿景一样，成为我国民族地区，乃至中国西部的一颗璀璨的明珠。

三、鄂尔多斯经济转型下的发展状况

对于鄂尔多斯来说，经济的繁荣发展与地区能源资源的富集是分不开的。出于长远发展考虑，随着国家对新型能源的大力扶持，加上临近的乌海、大同以及东北老工业基地、甘肃白银等地在资源枯竭后的城市社会经济方面的迅速衰落在某种程度上让鄂尔多斯恐慌，开始担心"资源诅咒"。鄂尔多斯迫切需要通过经济的转型发展来摆脱对煤炭能源的过度依赖。

（一）"资源换项目"阶段

学者把鄂尔多斯转型发展初期的利用煤炭资源吸引投资的方式称为"资源换项目"，较为典型的是2005年鄂尔多斯市政府为使华泰汽车投资200亿元、年产值600亿元的汽车项目落地，给出1万元每亩的6千亩土地、东胜区城郊的碾盘梁和位于准格尔旗境内的唐家会两处煤矿开采权的优惠条件。这一时期（2001—2009年）鄂尔多斯依靠煤"资源换项目"，成功引进了包括精工1万台载重车项目和奇瑞汽车30万台乘用车在内的多项汽车制造项目，以及包括国电3000吨多晶硅项目、无锡尚德5G太阳能电池项目在内的一系列项目。

"煤炭换项目"吸引的项目很多，但是效果却相形见绌。早在2008年华泰汽车就将鄂尔多斯市政府配置给它的碾盘梁煤矿转卖给山西普大煤业，交易价格为10亿元。到目前为止，华泰汽车在鄂尔多斯的项目却远未能达到当初所预设的投资200亿元、年产值600亿元。所以"资源换项目"并没有真正地使鄂尔多斯向装备制造业转型，而是使其变相地贱卖资源。

（二）从装备制造业到煤化工等高新技术产业的转变

早在2004年鄂尔多斯市政府就提出了经济发展向装备制造业转变的思路，但鄂尔多斯向装备制造业转变并没有多少优势，究其原因还是其地理位置的尴尬。国家的重点项目、一些发展前景较好的项目都被身旁的东北老工业基地以及包头、乌海等传统工业重镇占有，加之鄂尔多斯装备制造业相关的仓储、货运等一系列配套也不完善，鄂尔多斯想要向装备制造业转型，最大依靠依然是其丰富的煤炭资源。

痛定思痛，煤化工成为鄂尔多斯政府转型发展的首选。鄂尔多斯政府决定依托地区能源优势，搭建煤化工技术平台，完善煤化工科技创新服务，着力发展以煤化工为主导的清洁能源、先进制造产业领域技术攻关，编制煤化工重点扶持企业发展技术路线图，组建现代煤化工产业技术联盟。截至2015年，鄂尔多斯市实施亿元以上重点煤化工项目21项，其中新建项目10项、续建项目11项，总投资3759.92亿元，全年计划完成投资496.9亿元。2016年6月，鄂尔多斯市建立国家级煤炭检测中心，2016年9月建成国家级高新技术园区。转型发展不是丢掉优势，鄂尔多斯的优势依然是储量富集的煤炭等能源资源，依托高新技术，对煤炭进行深加工，向高精尖的化工业发展才是转型的方向。

（三）农业和旅游业的发展

2015年，鄂尔多斯市成功举办全国第十届少数民族运动会，大大增强了全市转型谋发展的信心。传统优势不能抛弃，但是在发挥传统优势的条件下，我们可以发挥新的更多的地区优势，鄂尔多斯就从自身所独有的人文、自然优势进行考量。

鄂尔多斯依托境内成吉思汗陵和响沙湾两个国家级4A旅游景区，以建设国家级旅游城市创新先行区为抓手，结合地区旅游文化创意、蒙古族文化影视等产业，努力打造民族地区影视产业基地与民族地区艺术品交易中心。发挥好现有的鄂尔多斯婚礼园区，系统谋划、系列打造特色旅游业。同时，大力把鄂尔多斯建设成为智慧旅游城市。鄂尔多斯市各旗区旅游景点相继建立旅游公共服务平台以及地区品牌营销中心，市政府还与中国香港旅行社、网上旅游销售企业途牛等线上和线下的大企业合作，重视自身旅游宣传和推广。截至2021年，全市共接待旅游者1750万人次，实现旅游总收入330.3亿元。建成之初的"鬼城"康巴什也已成为国家级4A旅游景区，不断发展的旅游业为对鄂尔多斯的经济转型发展提供了强有力的支撑。

大力发展现代化、集约化的农牧业。主要表现在两个方面：一是制定出台农牧区土地流转的政策、法规，逐步建立完善的土地流转平台，搭建便捷的土地流转服务桥梁。具体来说，就是要推动农牧区土地、草牧场向现代化、产业化、集约化的龙头企业、专业大户和农牧民专业合作社转移，这样既能解决人少地多、不便耕作的问题，也能有效缓解水土流失和土地荒漠化的蔓延。二是抓好现代化粮食生产的建设，抓住国家实施"藏粮于地、藏粮于技"战略，利用河套平原地区的地理、土壤、优质牧草，共建设现代农牧业节水基地20万亩，培育了15家优势特色家禽肉食龙头企业。继续扩大玉米、反季节蔬菜、水果大棚的占有比例，实现地区的粮食、水果、蔬菜的合理种植和培育。制定下发了"五星达标、特色培育"示范嘎查村创建工作方案和评价验收管理办法，51个示范嘎查村创建工作成效明显。伊金霍洛旗获评全国乡村治理示范旗，十二连城乡获评全国乡村治理示范镇，达拉特旗林原村、东胜区折家梁村、鄂托克前旗黄海子村等3个村获评全国乡村治理示范村，伊金霍洛旗哈沙图村被农业农村部评为2019年中国美丽休闲乡村。

四、城镇文化对社会经济的作用

鄂尔多斯这座新兴的城市经过十多年的发展，迫切需要提高自身的软实力，而一个城市的软实力就是城市的文化底蕴。底蕴是沉淀，同时也是居民整体文化素养的体现，根源还是整个地区的文化教育及基础教育发达与否。同时，城市文化也是一座城市"走出去"与"引进来"战略的城市综合竞争力的体现。因此，一座新兴的城市更加迫切地需要城市文化。

当前，鄂尔多斯的城市文化还比较薄弱，对鄂尔多斯市城市整体竞争力发展没有起到推动作用，与城市的发展需求不协调，主要表现在对社会舆论不够重视、对自身的宣传力度不够大等方面。

（一）对社会舆论不够重视

作为"典型"，鄂尔多斯应该积极利用典型的优势，加大对自身的宣传力度，吸引更多地区经济社会急缺的人才前来定居、创业、工作。而任由互联网及没有进行实地调研的所谓的专家学者来"研究"，对鄂尔多斯的城市文化损坏是相当大的。对于没有来过也不了解鄂尔多斯的人来说，最直观的感受就是互联网上的消息。而互联网上的介绍参差不齐，大家很难辨别，这时就应该主动介绍自己，拓宽宣传的渠道，加大对互联网宣传的重视，加强对自身城市文化的培养，从而推动城镇的发展，继而完善新型城镇化以人为核心的内涵。

这里自身形象的树立指的是鄂尔多斯如何积极向外界展示自己的优势，

把舆论的弊端规避掉，为社会经济的发展提供良好的国际和国内的舆论环境，树立自己的城市形象。

"鄂尔多斯"不仅仅是羊毛衫，它还是我们西部民族地区发展的典型，是我国改革开放树立的18个示范地区之一。但是在宣传自己的力度上，鄂尔多斯市政府显得格外的"害羞"。一些不明就里的网民对鄂尔多斯的口诛笔伐甚嚣尘上，社会流传的不实说法有很多，如满大街都是要账的、市政府借企业的资金给公务员发工资、马路上的豪车一夜之间都消失了等，更有甚者直指鄂尔多斯的民众是暴发户、没素质。面对突如其来的"出名"和"典型"，显然鄂尔多斯市政府和民众没有准备好应对，只能任由舆论喧嚣。

当代社会，互联网发展是极速的，不重视互联网的政府可以说是没有与时俱进。"典型"是把"双刃剑"。

（二）对自身的宣传力度不够大

从政府层面来说，应该主动"亮剑"、主动作为，更加积极地回应社会热点问题，积极引导舆论，为自身的社会经济发展提供良好的舆论环境，让大家知道鄂尔多斯、了解鄂尔多斯。大家了解鄂尔多斯的渠道不应该是"听说"，而应该从鄂尔多斯自己的讲述中了解。一方面，政府的形象、地区的形象可以得到维护；另一方面，扩大了地区的知名度，对地区的招商引资及旅游业的发展都有着积极的助推作用。一个善于宣传自己、维护自身形象的政府绝对值得投资者的信赖。

从民众层面来说，城镇的底蕴关键在于市民的整体素质。一个城市的文化也同样在于市民的文化修养。只有像爱护自己的眼睛一样爱护这座城市，才能爱护环境、爱护设施，才能真正成为城市的主人。一座城市不仅仅是人民谋生的地方，更多的是心灵的归属，是享受生活的地方。在舆论面前，市民应该更加理性，好的舆论虚心接受，坏的舆论无则加勉，努力增加自身文化素养，做一名合格的市民。

第三节 鄂尔多斯市城镇化发展制约因素与对策

一、地理和生态环境的制约

（一）地理环境的制约

鄂尔多斯地形丰富，既有辽阔的草原，也有浩瀚的沙漠，还有绵延的高山。新型城镇化说到底是地与人的结合，复杂多样的地理环境制约着鄂尔多斯新型城镇化的建设和发展。

鄂尔多斯东部海拔高度为1300~1500米，为丘陵沟壑区；是地表自然沉降构造的盆地，地表基岩裸露，水土流失严重，虽然面积约2.6万平方千米，但是占鄂尔多斯市总土地面积的31%还多，城镇化建设面临着较大的困难。该区域的经济主要集中于市区、伊金霍洛旗和准格尔旗。而这些旗区都是富集煤炭的主要旗区，财政收入高的同时城镇化建设的投入力度较大。

鄂尔多斯西部海拔高度为1300~1500米，为鄂尔多斯高原所在区域。区域内地势较东部略高，较北部平坦，是鄂尔多斯水土流失保护的天然屏障。总面积约2.1万平方千米，占鄂尔多斯市总面积的24%以上。鄂尔多斯西部包括鄂托克旗大部分和鄂托克前旗、杭锦旗的部分，城镇化建设的地理优势明显。

鄂尔多斯南部和中部为库布齐、毛乌素沙区。两大沙区总面积约3.5万平方千米，占鄂尔多斯市总面积的40%左右，分布于鄂托克旗、鄂托克前旗、伊金霍洛旗部分和乌审旗。尽管近年来像亿利资源集团等企业大力治沙防沙，但是沙漠化对于城镇化的建设仍然是一个巨大的挑战。

鄂尔多斯北部海拔高度为1000~1100米，地势平坦，总面积约0.5万平方千米，是由黄河流经而过形成的平原区，属于河套平原的最西端。该地区占鄂尔多斯市总土地面积的6%，分布于准格尔旗、达拉特旗、杭锦旗沿黄河20个乡、镇、苏木内，具备城镇化发展的空间条件。

总结鄂尔多斯的地形环境：中部及西北部不适合发展集聚的城镇，较适合发展特色的小城镇，如沙漠旅游小镇等；东部及西南部较适合发展大城镇。新型城镇化的建设一定要切实考量地区的地形环境，不能盲目地造城，否则容易发生重复建设及对土地和环境的破坏。

(二) 生态环境的制约

生态环境的制约主要表现在以下两方面：一是鄂尔多斯中西部地区的水土流失严重，耕地面积逐年减少，其根源还是在于地广人稀。例如，鄂托克前旗、乌审旗，土地面积一半以上被毛乌素和库布齐沙漠侵占。东部地区的黄河沿岸大都是盐碱地，适合耕种的粮食作物较少，大多适合耕种玉米和马铃薯，对于水源地的涵养没有起到保护作用。二是经年累月的煤炭开采造成的水土流失和地表塌陷，以及在煤炭向外运输过程中造成的道路塌陷和粉尘污染等，这些都或多或少地制约着鄂尔多斯当前新型城镇化的建设。2000年以前，鄂尔多斯地区的沙尘暴肆虐，往往鄂尔多斯起风，河北、北京部分地区肯定会有沙尘暴。随着政府治沙的力度加强，许多企业也开始积极地参与到治沙防沙当中，并在治沙防沙的过程中走出了一条沙漠产业化的道路。鄂尔多斯地区最为成功的当属亿利资源集团。经过近十年的防沙治沙，亿利资源集团走出了一条沙漠制药、沙漠旅游以及沙漠生态循环林的道路。不仅沙漠的治理有了成效，企业也因此获利，一举多得。

新型城镇化的建设，说到底是人与自然和谐相处的状态，在建设的过程中要把保护生态环境放在首位。新型城镇化应该为友好型的生态环境起到装饰和保护的作用。

二、思想观念的制约

思想观念的制约主要包含两个方面：一是政府对新型城镇化建设的理念；二是农牧民的身份转换。

(一) 政府对新型城镇化建设的理念

政府对新型城镇化建设理念的制约主要表现在政府对新型城镇化的重视程度不高，思路不清晰。政府既要充分认识到民族地区的新型城镇化是民族地区实现小康社会、攻坚扶贫的主要抓手，也要正确认识到新型城镇化的建设不是千城一面的大拆大建，更不是硬性完成国家的战略任务，新型城镇化应该是一项系统长久的发展工程、惠民工程。

新型城镇化的建设和地区主政者的发展理念有很大的关系。要想落实国家关于新型城镇化建设的布置，结合地区实际才是正确的选择。一些主政者片面地追求政绩，盲目造城，既浪费了宝贵的资源，也浪费了地区城镇化建设的时间，造成了大量的重复建设。

民族地区的新型城镇化一定要科学规划，因地制宜，既要实现政绩，也要做出成绩。这一切的出发点都是居民生活现代化、便利化的新型城镇化。

（二）农牧民的身份转换

新型城镇化的建设势必要带来一些必要的拆迁、移民等人口转移的情况，包括工作和家庭的迁移。这些迁转到城镇的农牧民如何在城镇生活、就业，如何转变自己的身份成为一名合格的"市民"，这些都对新型城镇化的建设提出了挑战。影响民族地区新型城镇化建设的一个重要因素是农牧民的整体素质较低。

一是受教育水平较低。过去基础教育没有普及，与城市相比，很多农牧民没有接受过系统的国民教育，更没有接受过专门的技能培训，再加上农牧区的办学条件和师资力量等也存在着整体质量低的情况，虽然国家和鄂尔多斯市政府对农牧区的教育进行了大量的财力、物力、人力的投入，但是短时间内很难消除这种差距，处于社会中坚力量的成年农牧民，其科技文化水平很难得到有效提升。嵌入城镇的农牧民自身的科学文化素质整体偏低，这将直接影响他们对劳动技能的学习掌握。

二是农牧民长期在农村、牧区从事传统的农牧业，其劳动技能基本是自学的或者从长辈那里传承下来的，在传统的生产劳动中也无须进行新技能的学习，加上职业教育、技能培训等客观条件的缺失，农牧民的技能一直处于单一、低水平的状态。在如今技能大于体力的劳动力市场很难形成优势，因而只能从事一般的体力劳动，转移领域和空间越来越小。

三是农牧民的生活保障问题。相对于其他地区，鄂尔多斯农牧区移民大都是生态移民和矿区移民，依煤而富的农牧民短时间内不愿意从事一般性工作，虽然补偿金维持现有的生活绰绰有余，但生活在城市是一个时间的演进，对于以后的生活该如何保障也是对新型城镇化的建设起着制约作用的因素。心理上的依恋使嵌入城镇的农牧民很难快速实际地适应城镇的生活状态。在牧区，牧民可以唱着歌就把牛羊养好，草原的宽广和城镇集中的楼宇形成鲜明的对照，过惯了自由无拘生活的农牧民大都对迁入的城镇没有像爱草原爱故土那样感情真挚。这些心理上的身份转换也会对新型城镇化的建设提出不小的挑战。

三、劳动力的制约

劳动力的制约主要表现为劳动力成本高和劳动力短缺。

（一）劳动力成本高

按照鄂尔多斯新型城镇化实施意见，推进东胜区、康巴什新区、阿勒腾席热镇中心城区一体化建设，建设薛家湾、树林召两个呼包鄂区域性Ⅰ型小城镇，统筹推进旗府所在镇和小城镇建设。这些目标要求首先需要解决的是人的城镇化问题，需要考虑如何解决农牧区人口的转移和外来人口留得住的问题。

一方面，地区级外来流动人口基数小，流动性弱。鄂尔多斯属西部民族地区，从中华人民共和国成立到20世纪90年代都是贫穷落后地区，人口稀少，虽经过十多年的发展，经济水平飞速提高，但是地区的吸引力还是没有体现。这就造成了外来流动人口少的现象。从生活成本的角度分析，鄂尔多斯经过十多年的发展，社会资本雄厚，居民的购买力和资金的保有量都持续增加，社会资金的增加和人均消费的增加势必影响到鄂尔多斯地区衣、食、住、行等日常生活消费领域的攀高。在当地高消费人群的推动下，鄂尔多斯的物价开始普遍升高，导致外来流动人口很难承受当地的高物价、高生活成本，所以鄂尔多斯的外来人口多，但多集中于煤矿企业，如准格尔旗、伊金霍洛旗等煤炭企业较多的地区。而这些煤炭企业大都位于偏远乡村或荒无人烟之处。这也是外来流动人口少的原因之一。

从鄂尔多斯各旗区之间的人口流动来看，各旗区的人口基本稳定且分布范围广，相对集中的旗区较少。鄂尔多斯全市人口超过30万的旗区只有东胜区、准格尔旗和达拉特旗，这3个旗区总人口占鄂尔多斯总人口的67.5%，其余5个旗人口仅占鄂尔多斯人口的32.5%，而且流动性人口占全市总人口的比重仅为32%。这就造成了鄂尔多斯各旗区之间人口流动性不强的现象。

另一方面，由于外来流动人口少，鄂尔多斯当地的众多基础性服务工作大都缺少员工。劳动力的缺失，加上本地居民大都依煤而富，不愿意从事辛苦的服务工作，这些因素共同催生了鄂尔多斯劳动力成本居高不下的现象。

（二）劳动力短缺

越来越多的外地人口迁移到鄂尔多斯，但是大多数都是在煤炭企业从事简单的生产劳动。鄂尔多斯地区物价高、工资高，制约着外来劳动力前来务工，真正在市区或城镇务工的外地人很少。这就造成了鄂尔多斯的劳动力成本高。一般从事建筑行业、装修行业的个人都是"候鸟"性的，工程建设期间在，工程结束后就离开，很少能有留下来长期从事这些行业的。

十年来，鄂尔多斯的经济快速发展，当地居民积累的财富也与日俱增。尽管受到金融危机及民间不良借贷的影响，但地区人均购买力依然强劲。

由于劳动力的短缺，人才的集聚效应发挥不出来，整个社会的创新能力不强，一些高精尖的产业很难在鄂尔多斯生根发芽。在煤炭能源传统企业的发展过程中也没有注重对人才的利用，因为这些能源企业大多需要技术含量较低的低端劳动者，人才对企业科研创新的贡献微乎其微，很难助力企业相关技术的更新换代，继而限制了企业的发展。

综上所述，鄂尔多斯新型城镇化面临的最大困难依然是人，一是农牧区的劳动力转型，二是外来人口的吸引问题，三是人才集聚效应的体现。

四、质量的制约

质量的制约主要包含两个方面：一是土地城镇化的速度快于人口城镇化的速度；二是鄂尔多斯新型城镇特色不明显。

（一）土地城镇化快于人口城镇化

鄂尔多斯2015年全市的城镇化率为78.08%，其中东胜区和康巴什区的城镇化率都达到了90%以上，而达拉特旗、乌审旗和鄂托克前旗的城镇化率还低于60%。同样是人口30万左右的准格尔旗和达拉特旗，城镇化率却相差12%。由于鄂尔多斯各旗区在资源保有量和经济发展水平上存在差距，因而城镇化的速度和质量也存在着差距。

新型城镇化是国家现代化的重要标志，高质量的新型城镇化是我国城镇化健康持续发展的目标。鄂尔多斯在经济迅速发展和国家大力推进新型城镇化的双重推动下，开始城市扩建。政府低价从农牧民手中购买土地，然后以更高价格卖给房地产开发商，而房地产开发商的资金大都来自银行和地区民间借贷，导致房价居高不下。在高利润的诱惑下，房地产商之间开始互相买卖土地、抵押土地，造成了严重的国有资产浪费。最主要的是这些土地原本都是农牧民手中的"生命地"。这些失去土地、草场的农牧民开始迁入城镇，但是城镇显然没有做好接纳这么多人的准备，无论是社会保障还是公共基础服务都还有欠缺。于是城市开始扩建，旧城不断翻新，新城盲目开建。意料之外的是，房地产泡沫很快使这一切归于平静，人口还是开建之前的数量，可是城镇的规模和数量都已是人口的几倍。人口的城镇化速度显然没有跟上土地的城镇化速度。

但是，我们也应该看到大量农牧村人口向城镇转移对城镇化进程的贡献是很大的。人才是城镇化的核心，没有人的城镇就是一座空城。但在新型城镇化不断推进的过程中，产业集约发展和技术创新，尤其像鄂尔多斯的产业结构的优化升级，都没有提供足够的人才效益。城镇化和地区产业结构的协调发展是新型城镇化重质量的表现之一，所以在鄂尔多斯新型城镇化的建设中一定要注重地区新型城镇化的内循环，也就是新型城镇化建设人才和地区产业发展的支撑作用。

（二）城镇特色不明显

地域特色不明显，除了康巴什新区蒙古族文化特色鲜明外，鄂尔多斯各旗区地域文化特色几乎没有。鄂尔多斯地区历史悠久，自古就是中原文化和草原文化的交汇之处，所以文化的底蕴是厚重的。在各旗区的新型城镇化建设中一定要以地区特色鲜明的文化底蕴为依托，打造一批具有浓郁文化底蕴的城镇，彰显新型城镇化特色鲜明的特点。

鄂尔多斯有着先天的文化优势——保存较完整的蒙古族礼仪文化、祭祀文化，以及近年来的沙漠文化。这些都是城镇本身所特有的文化，在新型城镇化的建设中，城镇文化同样适用。

打造自身城市文化品牌，走文化—经济—文化的可持续特色城镇发展路线成为当今许多新型城镇化建设的选择。构建城镇文化也是建设新型城镇化的内循环的一条有效路径，是城镇实现可持续发展战略、构建和谐社会的重要内容。发展城镇文化品牌是推动城镇社会经济健康发展的一个重要举措。以文化为辅助力来助推发展城市文化品牌，有助于解决城市发展过程中城市文化底蕴不深的问题，给城市社会经济带来可持续发展的动力。在我国城镇化建设快速推进的今天，追求城镇的质量成为主题。准确定位城镇发展方向、积极发展城镇品牌成为众多城镇提升知名度和竞争力的重要举措。城镇竞争的加剧要求以商业的理念对城镇进行品牌化管理。一个城镇若想在激烈的竞争中立稳脚跟，就必须像经营品牌一样经营城镇。城镇品牌作为新型城镇化的产品，越来越成为一个城镇区别于另一个城镇的独特标志，也是城镇的核心竞争力。文化是一个城镇的灵魂，城镇文化品牌是城镇特有的自然资源和文化特色的提升，是城镇保持恒久的内在凝聚力和彰显城镇特色的基础。

五、鄂尔多斯城镇化发展的对策

（一）树立科学的城镇化建设理念

理念是行动的指挥，政府是新型城镇化建设的宏观主导力量。随着党和国家对新型城镇化建设的重视程度的提高，鄂尔多斯市政府要牢固树立正确的新型城镇化建设的指导思想，不能片面地追求政绩，更不能流于表面，要以"五大发展理念"引领鄂尔多斯新型城镇化建设。

民族地区的新型城镇化建设不仅需要经济学、建筑学、文学等的指导，还需要中国特色民族理论与政策的指导。中国特色的民族理论与政策立足于我国民族实情，总结了一套民族地区的社会经济发展的总体思路：以马克思主义理论为指导，以《中华人民共和国民族区域自治法》为依据，从国家整体战略出发，立足于民族地区的实际情况，以民族的繁荣发展、和谐共居为基础，尊重民族地区发展的现实情况，尊重民族地区群众的生活和风俗习惯，形成推动民族地区新型城镇化的合力，确保以人的城镇化为核心的新型城镇化的实现。

要以创新、协调、绿色、开放、共享五大发展理念引领鄂尔多斯新型城镇化建设，同时要把政治建设、文化建设、社会建设、生态文明建设等统筹到新型城镇化的建设中，推动建成鄂尔多斯高水平的小康社会，实现社会主义现代化及中华民族的伟大复兴。

1. 创新

一是坚持政府职能方式的创新。新型城镇化"新"在处于我国经济改革的攻坚阶段，处在我国政府简政放权的深化阶段。创新不仅是国家发展的灵魂，更是民族地区社会经济健康持久发展的根本保障。增强政府部门的服务意识和监管意识，可以通过政府的职能方式创新、服务方式方法的创新、监管制度的创新、资金保障的手段创新来实现。例如，鄂尔多斯实施的流动人口"四化管理"（实时化、动态化、社会化、亲情化），既要留得住人，也要保障到人，还有行政审批制度的完善，以及市政综合服务大厅的设立等。这些都是政府职能的创新，都为鄂尔多斯新型城镇化的建设提供了更为持续的动力。

二是新型城镇化建设路径的创新。要对鄂尔多斯市新型城镇化建设的总体布局、发展方向、项目工程等整体考虑，对当前和未来的发展要有延续性规划，明确哪些项目的发展是现实和长远的结合、哪些建设具有民族和地区特色。应该着力创新发展理念的执行方式，切实做到实事求是，尊重经济发展规律，要具有国际视野，要有与国际接轨的思路，理解民族的就是世界的。新型城镇化建设是一个具体的实践过程，这就需要鄂尔多斯真正认识自身新型城镇化建设的内涵和内容，所采取的路径要切实契合自身的内涵和内容。例如，要立足鄂尔多斯市各旗区经济发展的不均衡和旗区城镇化建设不协调的现状。在新型城镇化建设的过程中走城乡统筹发展的道路，利用好农牧区实施"十个全覆盖"工程的机遇，把旗区的城镇化建设进度赶上来。

同时，在旗区新型城镇化的建设过程中也要有创新路径意识，不能搞重复建设和千城一面，文化底蕴深厚的旗区要走特色城镇化的道路。像准格尔旗，本身就是走西口文化交流的教科书，草原游牧文化和中原农耕文化交流互动频繁。借此，可以大力发展特色城镇的建设，在尊重和保护历史文化的同时，发展现代公共服务配套的新型城镇化；乌审旗、杭锦旗草原游牧文化厚重，草原面积辽阔，在新型城镇化的建设过程中要走游牧文化城镇建设的道路，把文化促城搞活、搞好；达拉特旗、伊金霍洛旗拥有得天独厚的响沙湾旅游景区和成吉思汗陵旅游景区，应利用好现有的自然文化资源，以旅游业带动新型城镇化的建设，把旅游产业促进城镇化建设的道路规划好、发挥好。

总之，各旗区的新型城镇化建设的道路不能脱离地区发展实际，也不见得模式路径都一样，要切合实际走创新城镇化建设、发展的道路，以不同的但是有效的方式来促进新型城镇化的内涵彰显，打造具有地区特色的新型城镇。

2. 协调和绿色

一是城乡之间的协调发展，也就是新型城镇化建设过程中的城乡统筹发展。协调是新型城镇化建设持续发展的内在要求。鄂尔多斯新型城镇化建设要注重旗区之间、城镇之间、社会经济与民族文化之间的多元协调发展。目前，鄂尔多斯市的新型城镇化建设是政府主导的，全市一个步调、一个计划。这就要求相关部门在新型城镇化建设规划之时就要统筹旗区的实际情况，制定符合各旗区的新型城镇化规划。不能简单地要求各旗区追赶全市的统一标准，首要目标还是要合理地规划，速度可以慢，但是质量一定要保证。这是新型城镇化的内涵要求，是从追求速度到追求质量的转变。城镇化普及较高的旗区，如东胜区、康巴什区、准格尔旗等，要进一步细化和完善城镇管理细则，加强对新型城镇化的后续保障，不能只建城。新型城镇化建设的初衷和目标就是使居民的现代化生活便利、舒适，达到宜居宜业的目的。

二是社会经济发展与新型城镇化建设的协调。社会经济发展与新型城镇化建设之间的不协调体现在"重经济发展、轻社会管理"这样一种"政绩建设"，忽略了人的城镇化的核心要求。具体来说就是要注重流动人口和外来人口的真正城镇化，使流动人口和户籍居民一同享受城镇的便利；发展壮大中小城镇体系，完善现有嘎查与苏木功能，形成优势互补、多层次新型城镇化布局。

要注重产业结构的优化升级，实现旗区资源开采的合理布局。政府应努力使资源优势旗区共享，坚持"发展为了人民、发展依靠人民、发展成果由人民共享"的理念，将"人民"的范围拓展到所有来此就业与生活的人员，努力实现经济、社会与人的均衡协调发展。

三是新型城镇化建设与生态环境的和谐共处。新型城镇化建设势必带来大规模的土地建设，这是趋势也是必然。这一过程不免会对地区的生态环境造成一定的破坏，如何在建设的过程中合理保护生态环境也是政府和社会各界需要考虑的问题。"就地施工，就地保护，谁开发，谁保护"，责任必须厘清，不能只管建设不管保护。对在施工中不进行必要的环境保护的企业，政府和有关部门要严肃对待。建设的目标是宜居宜业、环境优美、功能完善，不能让建设成为隐患。新型城镇化相对于以往城镇化而言，它的内涵就是社会经济的发展与生态环境的和谐统一，既要实现经济集约高效的发展，也要环境优美。努力构建人与自然和谐的城镇，让居民在新型城镇化中既能体会大自然的美丽，也能享受到现代化、便利化的舒适生活。因此，新型城镇化建设过程中必须将绿色理念落实到位。协调好开发与保护、发展与环境的关系，把协调和绿色真正地融入新型城镇化的建设中。

3. 共享和开放

开放和共享是新型城镇化健康、持续发展的必由之路，它是新型城镇化建设中最具活力的理念。只有开放才能吸引大量经济发展急需的产业和人才，只有开放才能学习和借鉴我国城镇化建设先进地区乃至国外城镇化建设的宝贵经验，只有开放才能以更加包容的心态面对新型城镇化建设的成就与问题，只有共享才能"走出去，引进来"。共享是开放的前提，有了共享的理念，开放才能实现。遥想我国屈辱的近代史，"闭关锁国"是根本原因，共享和开放造就了我国改革开放四十多年的经济快速发展，使我国走上了大国崛起的道路。所以大到国家，小到城镇，共享和开放是增强城镇活力和发展潜力的最重要的理念。

一是以开放的姿态与周边城市群共享新型城镇化建设的成果。这就要求鄂尔多斯不断加强自身城市文化的建设，主动宣传自己，主动展示自己，把自己的优势形成品牌，把自己的劣势进行淬炼，学习先进的城市治理经验、产业集聚功能等，既要开放更要共享，这是新型城镇化可持续发展的可靠保证；还要以共享和开放的理念加大招商引资的力度，使更多的优势产业集聚鄂尔多斯，为鄂尔多斯的社会经济发展带来更多的活力。

二是以更加共享、开放的理念包容农牧区人口的转移，以及外来人口的迁入。妥善解决农牧区人口和外来人口遇到的实际问题，如农牧民转移人口的再就业问题、外来人口子女读书问题、落户问题等，使这些人真正地融入进来，为鄂尔多斯的发展提供更多的人力资源，共享城市的便捷及城市生活的现代化。这就要求鄂尔多斯市政府的相关部门加大对本地居民的宣传教育，讲清开放共享的好处，阐明开放共享对鄂尔多斯的益处，以便增加城市的开放性和包容性。

三是农牧区也要以更加开放共享的理念来接受旅游业发展带来的参观、游览的人员，避免出现欺生排外现象。来鄂尔多斯旅游、参观的人们大都不懂蒙古族的一些风俗习惯，这就难免会与当地的蒙古族产生矛盾，所以开放和共享对旅游业的发展尤为重要。政府和"土著"都要有这种开放共享的意识，要有宽阔的胸怀，要主动宣传蒙古族的风俗习惯和参观时的一些注意事项。"远道来的都是客人"，不能让客人有不想再来做客的想法，应该是来一次还想再来。发展旅游业不仅可以展现地区民族的优秀传统文化，旅游业的繁荣也可以带动地区的经济发展，改善农牧民的生活条件。

综上所述，新型城镇化的建设是一个系统的工程。鄂尔多斯新型城镇化建设必须树立科学的理念，要遵循"创新、协调、绿色、开放、共享"五大发展理念。共享和开放是前提，只有在共享的理念指引下才能开放，不断创新方式、方法，协调好发展和生态环境的关系。把握当前新型城镇化的建设情况，不仅要把社会经济发展好，也要把民生保障完善好，为新型城镇化的建设提供良好的环境，保质保量地做好新型城镇化的建设。

（二）以城镇化建设促进经济的转型发展

与国内或国外的资源型城市转型不同，大多数资源型城市都是在资源枯竭后才谋转型发展，而鄂尔多斯的经济转型是在其能源储藏丰富时开始的，从转型发展的一开始就是一项增强内生力的发展，是多元经济的循环发展，是一个多层次、多领域相互交织的繁杂的社会经济系统工程，不可能一蹴而就，也不可能短时间达成。

1. 推进新型城镇化建设是经济转型的重要抓手

无论是新型城镇化还是供给侧改革，都是要通过转变当前我国经济发展方式来实现经济的可持续发展。中央提出，新型城镇化建设是扩大内需的最重要的方式，也是我国经济结构改革的最大引擎。这是由于新型城镇化建设是我国现代化建设面临的重要组成部分，对贯彻执行"四个全面"战略布局和"五大发展理念"、对助力实现中国梦都具有重要作用。可以说，鄂尔多斯的新型城镇化建设既是鄂尔多斯经济转型的重要抓手，也是鄂尔多斯经济发展的历史机遇。

一是新型城镇化综合了社会经济发展的方方面面，不单单是简单的造城，它涉及从人到人的汇聚点，能够增强社会各领域发展的平衡性和可持续性。鄂尔多斯统筹各旗区和农牧区的发展，促进了煤炭产业转型升级和能源经济结构的调整，对推动民生改善和社会公正、实现社会经济的可持续发展起到了重要作用。这些都需要以新型城镇化建设为载体，在新型城镇建设过程中集中力量解决。

二是新型城镇化是鄂尔多斯社会经济发展的基本立足点和长期战略方针。新型城镇化的建设势必带来劳动力和资源集聚效益，将会进一步促进城镇基础设施和公共服务能力的增强。随着迁入的农牧民以及常住居民、外来流动人员的收入和消费的增加，势必将释放出巨大的内需潜能，推动鄂尔多斯经济的健康发展。

对于煤炭资源丰富的鄂尔多斯，在经济转型发展过程中要以能源资源为根基，发展相关高效益产业，避免丢掉优势。要充分提高煤炭资源的综合利用效率，在不威胁生态环境的前提下实现能源经济的最大效益。在新型城镇化建设中应遵循与自然、土地和谐共处式发展。整合单一家庭式农牧场，发挥现代化、集约化农牧业经济的规模效益。

以人为核心的新型城镇化的建设需要依托科学合理的地区产业。鄂尔多斯应重新回归到发展高精尖煤化工产业为主的定位上，依托煤炭等能源资源，将煤化工产业链做大做强，遵照煤炭资源—煤化工产品—二次资源的循环经济发展模式，走正确的经济转型道路，只有这样才能实现地区经济内生的循环发展，才能实现新型城镇化建设的高质量发展。

依托得天独厚的草原游牧文化资源、鄂尔多斯蒙古族婚礼、响沙湾沙漠旅游等优秀的旅游资源，形成旅游产业的规模化、集中化。要把旅游业当成鄂尔多斯经济增长的另外一个重要引擎，要让旅游业成为经济增长和新型城镇化建设的主要推动力量，要积极主动利用这些丰富的自然和人文资源。对于旅游资源丰富的旗区应大力发展旅游业，对于人文资源丰富的旗区要大力发展文化旅游业，以此来带动第三产业的发展，做到依托能源资源但不依赖能源资源。

2."产城融合"是经济转型的持续动力

"一城一产业"是新型城镇化内生力的表现，实现这一目标的有效途径就是"产城融合"。鄂尔多斯各旗区在制定城镇化与产业结构政策时既要考虑新型城镇化发展的重要性，又要使它与产业结构转型升级的进程相协调。由前文可知，鄂尔多斯各旗区的经济发展状况以及各旗区在能源、资源的储量上都表现出不一致的现象，地域的局限性使鄂尔多斯各旗区所拥有的资源、区位、交通等方面的优势具有差别性。产业促转型一定要切合实际，不能照抄照搬。像达拉特旗的羊绒产业可以作为达拉特旗新型城镇化的主抓产业，因为达拉特旗拥有广阔的牧场，适合畜牧业发展；准格尔旗可以发展现代化的煤化工工业产业链，以新型、高精尖的煤化工产业作为新型城镇化的主抓。基于这一前提，在鄂尔多斯整体产业发展规划的过程中要特别注意市级整体性和旗区区域性相结合，不能出现旗区产业同质，产业同质将会致使鄂尔多斯市的产业互补性不足，在产业链的关联与配套中缺乏协同机制。"产城融合"的意义就在于为地区新型城镇化的建设提供了自生的、循环的、持续的动力。

《国家新型城镇化规划（2014—2020年）》首次提出要实现常住人口城镇化率与户籍人口城镇化率两个指标同时提升，到2020年我国常住人口、户籍人口城镇化率分别达到60%、45%。鄂尔多斯新型城镇化的建设要实现上述目标，必须实施"产城融合"，地区自生的产业会带来大量的人员流动，这些流动人口经过几年以后自然会由常住人口转换为户籍人口，只要地区内生产业持续发挥作用，常住人口就会不断填充，户籍人口也会继续增加。除去自然增长的数量，"产城融合"的意义也在于对人口的吸引力不断增强。

（三）优化产业结构

三大产业均衡发展是新型城镇化建设的根基，经过十多年的快速发展，鄂尔多斯已经取得了城镇化建设速度上的优势，下一阶段的新型城镇化建设要着力解决社会经济发展过程中产业结构不合理的制约，为新型城镇化的建设提供更为坚实的保障。

1. 主推农牧业的现代化、集约化发展

鄂尔多斯受地理环境的制约，没有条件集中发展特大或大型的农牧业，但是自身的羊绒优势和沙漠优势都为农牧业现代化、集约化的发展提供了更为广阔的前景。就发展农牧业现代化、集约化的优势来讲，一是农牧业的现代化、集约化会解放大量的农牧区劳动力，促进人口城镇化；二是为第二产业和第三产业提供了大量的人力资源，是第二、三产业发展的基础。

具体实现路径为"依托优势资源、依托优势企业"。要依托该地区羊绒的优势资源、优势企业，引导农牧区居民大力发展现代化的农牧业。依托鄂尔多斯集团，加大农牧产品基地建设，打破生产基地小型化、零碎化发展思路，实现生产基地协调发展。加快农牧业现代化、一体化建设，把农牧产品从研发、生产到销售整合起来，建立政府引导、农牧业合作社的模式，通过农牧民的广泛参与，引入现代化的生产设备，延伸产品的使用价值，形成农牧业产业与农牧民、当地政府多方共进的格局。

还有鄂尔多斯亿利资源集团的沙漠产业。从防沙治沙到沙漠产业的转变带来的是库布齐沙漠周边农牧民生活条件的改善和收入的增加,一个治沙工程带动的是一个系统的优化。是从"靠天吃饭"到"治理沙漠改善生存环境—增加收入—加大治沙力度—沙漠产业"的形成。依托优势企业是鄂尔多斯农牧业现代化、集约化的有效途径。培育壮大龙头企业和农牧民专业合作组织规模,保障农牧民专业合作组织的健康发展。

还要鼓励农牧民进行技术培训,全面提升农牧民的综合素质,继而推动农牧业的技术革新,推动转移农牧民的再就业能力。

2. 落实能源工业的高效益发展

当前,我国经济结构的改革处于深化阶段,经济发展进入新常态,制约鄂尔多斯发展的不确定、不稳定因素仍然较多。国际和国内能源需求发生了深刻的变化,新能源的广泛使用也对传统煤炭、石油、天然气能源产生了较大的影响。但新情况、新问题往往也蕴含着新机遇、新的经济增长方式。随着国家"一带一路"倡议、"四个全面"等战略的深入实施,我国产业加快向中高端方向迈进,能源产业也加快向高精尖、循环集聚的方向发展。不重视生态环境保护的企业、不时刻创新的企业已经很难适应新常态下的经济发展状况。

经过多年的打基础、增后劲、聚潜能,鄂尔多斯经济软、硬实力以及综合竞争力有了长足的进步,支撑经济持续发展的利好因素不断增多。这些都为鄂尔多斯经济转型发展提供了坚实的保障。随着国家及内蒙古自治区各项惠及鄂尔多斯的战略的实施,鄂尔多斯将迎来难能可贵的发展机遇和市场空间。

鄂尔多斯经济一直以来依靠能源工业。初步核算,2021年全市完成地区生产总值4715.70亿元,扣除价格因素影响,同比增长7.0%。分产业看,第一产业增加值为148.43亿元,同比增长4.4%;第二产业增加值为3077.88亿元,同比增长6.4%;第三产业增加值为1489.39亿元,同比增长8.0%;三次产业结构比为3.1∶65.3∶31.6。人均地区生产总值达到218118元,同比增长6.3%。下阶段鄂尔多斯要稳固第一产业,扩大能源工业的高效益发展,同时也要大力发展第三产业,重点是现代的服务业和旅游业。

当前,第二产业依然是鄂尔多斯新型城镇化建设的重要引擎,也是鄂尔多斯经济发展的重要支撑。转型发展不是丢掉优势资源,而是深挖优势资源的高效益，走高精尖的产业发展之路。经过多年的摸索总结，鄂尔多斯在煤化工方面的发展是可行有效的，煤制油、煤制气的发展都取得了长足的进步。

鄂尔多斯新型城镇化的建设必须要依托能源产业，通过发展煤炭的深加工，走高精尖煤化工的道路，创造高效益，既能增加地方财政收入，也能为新型城镇化建设提供大量的人力资源。一方面，科学地规划较为完整的现代煤化工产业集群与产业链条，实现新型城镇化与新型煤炭工业的有机结合，要完善能源企业的产业规划，结合已有的产业现状以及自身的资源储量和区位条件。另一方面，积极整合并淘汰高能耗、高污染、低收益、不可持续的煤炭能源企业。同时，要按照"一区一品牌、一旗一产业、一镇一特色"的思路，通过内引外联等方式探索适合旗区实际的产业，以此壮大全市的产业规模；通过能源工业的高效益发展，确保新型城镇化之路更加平坦。

3. 大力支持文化、旅游产业的发展

鄂尔多斯的文化、旅游有先天的优势，境内的库布齐和毛乌素沙漠、成吉思汗陵景区、响沙湾景区、老牛湾景区、鄂尔多斯草原等，以及文化方面的鄂尔多斯婚礼（国家非物质文化遗产）、蒙古族祭祀、准格尔召等都是可以大力开发的旅游资源。第三产业是新型城镇化建设的三大引擎之一，也是拓宽新型城镇化建设支撑形式的重要途径。

一方面，要加强文化产业和旅游业的整体规划，切合实际地制订各旗区和市级旅游业发展的总体路线，找出符合本地实际的产业增长点，着力提升旅游产业的现代化服务水平，要依托"智慧鄂尔多斯""平安鄂尔多斯"的优势，大力发展现有的优秀旅游产业，努力提升现有旅游产业向高端化、国际化方向发展。服务可以高端化、国际化，但是在制定价格方面要做到对等化。旅游不单单是增加经济收入的手段，更是推广、宣传鄂尔多斯的最好渠道。

另一方面，要大力发展旗区城镇的现代化物业管理，构建城市现代化管理新思路。现代化的物业管理是现代化服务业的重要组成部分，在新型城镇化的建设中占有重要的地位。我们建设的新型城镇不是建筑风格上追求新颖，更不是楼宇的更新换代，我们建设的新型城镇是让居民生活现代化、生活便利化的，是以促进地区社会经济发展为根本目标的一项持久任务，所以现代化的物业管理有必要得到科学的规划和完善的发展。

文化产业方面，不见得非得创造出物质财富，一个地区的文化产业更多的是地区城市文化底蕴的展现，发展文化产业需要深入研究，发掘地区文化优势与文化内涵,为地区新型城镇化建设注入更为重要的文化底蕴,增强城市的吸引力,增强城市的软实力。这方面,文化产业的效用发挥尤为重要。鄂尔多斯除了较为有名的鄂尔多斯青铜文化,还蕴含着许多具有历史价值和开发前景的文化产业。据史料考证,自夏商时期鄂尔多斯地区就是游牧人的天堂。秦时期为了防止北方少数民族侵扰,他们便在陇西、北地、上郡的北部直至今准格尔旗的十二连城乡修筑长城,并随长城种植一条榆树林带,时称"榆溪塞"。这便隔绝了鄂尔多斯地区与中原地区的经济文化交往,同时也隔绝了人口的迁移。清朝前期封禁河套地区(包括鄂尔多斯),将长城北宽2.5万米的土地划为禁地,俗称"黑界地",禁止汉民出边耕种,再一次隔绝了鄂尔多斯同中原的经济文化交流。可以发现,有史料记载的鄂尔多斯一直是中原农耕文化同草原游牧文化交流的最前沿,这就为鄂尔多斯的文化注入了深厚的底蕴。鄂尔多斯既保存了较为完整的蒙古族礼仪文化,同时也兼具汉族的农耕文化,像准格尔旗独有的"漫瀚调"就是蒙汉文化交流互动的结晶。诸如成吉思汗陵的祭祀文化,也是蒙古族地区保存较为完整的文化之一。还有电视剧《鄂尔多斯风暴》等都可以是鄂尔多斯新型城镇化建设的重要组成内容。它们不仅展现了鄂尔多斯的文化底蕴,也可以为新型城镇化的建设提供更为多渠道的产业支撑。将草原文化、成吉思汗祭祀文化、蒙元文化等富有民族特色的文化符号有效融入城镇建设,以文化丰富城镇内涵,以城镇承载文化底蕴,让城镇富有个性、凸显魅力。

文化旅游产业,也就是我们所说的精神消费。随着经济的发展和人们对于物质生活的满足,越来越多的人开始追求精神生活的享受,追求旅游的深度体验,于是就造就了文化旅游业的蓬勃发展。印象刘三姐、乌镇、丽江、香格里拉、乔家大院、北京四合院等一系列的文化旅游产业都带动了当地的旅游业的发展。在新型城镇化的建设背景下,文化旅游业势必为新型城镇化的建设注入更多的新鲜血液。

鄂尔多斯地区的蒙古族婚礼是蒙古族婚礼中最为奢华的,也是最富有蒙古族礼仪、蒙古族文化的婚礼形式,被称为"鄂尔多斯婚礼"。"鄂尔多斯婚礼"在2006年经国务院批准被列入第一批国家级非物质文化遗产名录。在新型城镇化的建设中,要把"鄂尔多斯婚礼"利用好,利用乌兰牧骑的优势资源,精心准备、排练,以吸引更多的游客来鄂尔多斯做客、旅游,形成鄂尔多斯文化旅游业的品牌优势。要发挥好现有的婚礼文化产业园的集聚效益，多宣传，主动宣传，营造良好的文化产业发展环境，为鄂尔多斯新型城镇化的建设突出特色、突出优势。

鄂尔多斯新型城镇化的建设产业保障是基本，而大力发展文化和旅游业是方向。发展文化旅游产业不仅仅是产业均衡发展的有效路径，同时也是鄂尔多斯市内生力的重要支撑，也为鄂尔多斯市的转型发展提供了更为宽广的路径。

（四）拓宽城镇化建设的投融资渠道

1. 继续做大做强金融业

鄂尔多斯新型城镇化建设资金来源有五个方面：一是国家内预算；二是自筹方式；三是国内贷款；四是利用外资；五是利用其他方式，但是目前仍然主要依赖于地方政府的融资。鄂尔多斯新型城镇化建设投融资渠道过于单一、建设资金来源严重不足的现状迫切要求鄂尔多斯市建立多样、灵活的投融资模式，突破传统投融资模式的桎梏，以安全可靠、灵活多样的投融资渠道来推动鄂尔多斯新型城镇化建设。

具体来说，要做到以下两个方面：一方面是制定好地区金融改革的细则，充分利用好国家税制和金融改革的机遇，制定相关地区民间借贷的政策、细则，管理好已有银行，监管好民间借贷。另一方面要尊重经济发展新趋势，积极主动适应新变化。实施"互联网＋金融＋产业"发展计划，提升金融业支持实体经济的能力。目前有很多因素制约着鄂尔多斯新型城镇化建设的步伐，其中资金短缺是最突出的。由于新型城镇化建设涉及基础设施、民生改善、产业发展以及生态环境改善等多个方面，这个过程需要投入巨额的资金，因而资金的保障也是新型城镇化建设的基础保障之一。

2. 加强地方投融资平台的建设和监管

一方面，要按照分类处置原则加快推进地方融资平台转型发展，剥离融资平台公司的政府融资功能。对于缺乏稳定现金流、难以吸引社会资本参与的公益性项目，由政府发行债券融资，通过剥离其政府融资功能、拓宽融资渠道来解决风险过高问题。另一方面，要推动完善融资平台内控制度和法人治理结构，提高运作透明度，强化资本金状况、负债规模、项目贷款和担保情况以及贷款资金使用情况等信息披露，实现科学管理、规范运营，降低经营风险，逐步使融资平台转型为具有持续盈利能力的独立法人。

对地方投融资平台加以有效监管和利用对新型城镇化的建设是十分有益的，但其自身规避市场风险能力低的属性也会使新型城镇化建设的资金保障面临困境。所以对于政府和相关监管部门一定要制定相关的政策和细则，监管好这部分民间资本，发挥它们的积极作用，规避掉有危害的部分。民间借贷盛行的鄂尔多斯市，在使用民间资本作为新型城镇化建设的资金时，要格外注意市场的需求和社会资本的走向，谨防出现资本的蜂拥而逃和资本的无节制滚动，要积极引导民间资本的走向，让这些充足的民间资本流向社会经济建设急需的产业和行业中去，以发挥它们更大的作用。

3. 加大外资引进力度

新型城镇化建设中在保障自有资金合理有效使用的情况下，加大对外资的引进力度是新型城镇化建设与国际接轨的重要一环。吸引外资不单单是把钱引导到新型城镇化的建设中来，更重要的是吸收一些国际化的理念。

确保新型城镇化建设的质量，大力加强投资软环境建设，实现经贸体制与政策的自由化、法制化和便捷化，增强对外商投资的吸引力。出台相应的优惠政策，吸引外资投资于竞争性的基础设施项目。

鄂尔多斯新型城镇化建设分工细则中明确规定：加大基础设施建设和公共服务专项补贴力度，建立财政投入稳定增长机制，充分发挥财政资金的撬动引领作用。加强城镇公益性设施建设，城市维护建设税、城市公用事业附加、城市基础设施配套费等收入全部用于城镇基础设施和公共服务设施建设。探索通过资源资产证券化方式引入机构投资者，拓宽城镇建设融资渠道。创造条件发行市政收益债，扩大融资信贷规模。探索建立政府与市场合理分工的城市基础设施投融资体制，积极推广运用政府与社会资本合作模式，鼓励社会资金以合资、合作、委托经营等方式参与城市基础设施建设和运营。引进面向城镇基础设施和住宅建设的政策性金融机构，引导政策性银行和各类金融机构创新金融产品，加大对城镇基础设施、保障性住房和棚户区改造项目的信贷支持。完善政府性债务管理制度，严控新增债务，积极化解存量债务。建立各级财政对保障性住房稳定投入机制，吸引社会资金参与保障性住房建设。

把钱用到实处，既能把钱引进来，又能管理好，为新型城镇化的建设打好基础。

（五）加强人才支撑

无论多好、多有前景的发展，从规划到实施，人才都是最关键的。新型城镇化的建设也是如此。人才的集聚是新型城镇化顺利实施和实现的最重要的因素，也是新型城镇化建设的主力。以人为本、宜居宜业的新型城镇化建设必须重视人才的支撑作用。

1. 吸引人才集聚

吸引人才集聚为新型城镇化建设提供智力和劳动力支撑。对于本地区农牧区转移人口，一方面，政府要有未雨绸缪的理念，"早规划、早安排"，不要等到农牧民进城后不适应再作出反应，要妥善安排，就地解决就业问题，为转移农牧民的生活提供保障；另一方面，对于外来劳动力我们也要一视同仁，不能有歧视，不能有偏见，做好群众的思想工作，为外来劳动力营造更好的留下来的环境，让他们更好地为鄂尔多斯新型城镇化的建设贡献力量，也更好地享受鄂尔多斯新型城镇化带来的宜居宜业的生活环境。

由于新型城镇化建设是一个系统的工程，涉及社会经济的方方面面，有建筑类的人才、有城市给排水的人才、有金融的人才、有规划的人才等，这些各行各业、各类人才的集聚对新型城镇化的建设至关重要。

鄂尔多斯市各旗区要充分做好人才的引进和保障机制，既能引进人才，也要能留得住人才。这就需要各级政府在薪资、住房、子女上学、医疗保险等社会保障上下功夫，制定全方位的综合性的人才保障机制，自上而下形成尊重人才、重视人才的环境。

2. 加强对新型城镇化建设人才的培育

制定从内到外的培育人才的机制。重视现有的高职以及高等院校的发展，加强专业领域拔尖人才的培养，充分利用鄂尔多斯学院、鄂尔多斯职业技术学院等高校的资源，加强义务教育的普及化、常态化。

具体来说有两个方面：一是加强迁入城镇的农牧区人口的技能和职业培训，让他们有一技之长，这样可以解决迁入人员的心理排外感，增强他们的属地感，并尽早地融入新的生活环境中。而且，这些迁入人员有了一技之长，可以更好地为鄂尔多斯市的社会经济发展作出自己的贡献，对于鄂尔多斯市的发展也起到了推动作用，缓解了鄂尔多斯市用工难的问题，也缓解了鄂尔多斯新型城镇化建设的劳动力短缺问题。二是在鄂尔多斯市当地有计划、有步骤地培养新型城镇化建设的后备队伍。这类人才不仅仅是为新型城镇化建设培养的,也是为以后解决经济转型发展可能遇到的问题而培养的人才,要有明确合理的用人机制,增强政府选拔使用人才的透明度。营造全社会自上而下尊重人才、重视人才的环境,既能留得住人才,也能合理使用人才,让更多的有识之士来到鄂尔多斯市、爱上鄂尔多斯市、留在鄂尔多斯市,继而为鄂尔多斯市的现代化发展和新型城镇化的建设贡献力量。

3. 加强旗区少数民族干部人才队伍的建设

在新型城镇化建设中,基层干部是主要的人才,他们的智慧和水平直接关系到旗区新型城镇化建设的好坏,因而应该大胆启用一批高学历的本地区的少数民族干部。一方面,这些本地区的少数民族干部对于当地的情况较为了解,面对新型城镇化建设中的一些问题有较强的群众基础,可以更好地研究和制定相关政策;另一方面,高学历的少数民族干部可以为地区的新型城镇化建设带来更多先进的想法和经验,对新型城镇化建设的新内涵、新内容可以更好地理解和执行。从管理理念到实施计划,再到法律法规等一系列的内容他们都能有较好的理解和运用。对现代化旅游业、现代化农牧业发展急需的人才,要大胆引进,放手使用,减少一切不必要的行政手续,尽可能多地、尽可能早地发挥这些人才对鄂尔多斯市现代化农牧业和旅游业的积极作用。

新型城镇化建设,人才是关键。这里的人才既包含农牧区转移劳动力和外来务工劳动力,也包含新型城镇化建设的紧缺人才,同时也包含基层少数民族干部队伍。从吸引人才集聚再到少数民族干部队伍的培养,只要拥有了庞大的体系层次完善的人才队伍,相信鄂尔多斯市的新型城镇化建设一定会拥有更为向上的力量。这种力量是一种智慧的凝聚和汇聚,助推着鄂尔多斯新型城镇化建设的健康持续稳步推进。

第四节　鄂尔多斯市城乡建设用地现状分析

一、鄂尔多斯市城乡建设用地使用交易情况

从2016年至2019年,鄂尔多斯市土地产权交易中心共成交956宗地,总成交面积为11.475万亩,成交金额66.855亿元,增值1.751亿元。2020年1月份至5月份共成交139宗,总成交面积为1.174万亩,成交金额为25.994亿元,增值3.559亿元。与往年交易金额对比,2020年5个月的交易

金额已经超历年全年交易金额，土地交易金额明显增大，而且增值金额远高于历年增值的总和。

2019年12月19日，康巴什新区H11-01a号地块成交，该宗地块面积11.39亩，挂牌起始价819万元，竞价过程激烈，3家竞买人经过257次网上报价，最终以5209万元高价成交，增值资金4390万元，增值率达536%。竞得人为中国石油天然气股份有限公司内蒙古鄂尔多斯市销售分公司，此宗土地用于加油加气站建设。

2020年1月2日，康巴什新区G-08-04地块和G-08-06-1地块成交。2宗土地总面积293.97亩，起始分别为0.49亿元和1.2258亿元，共15家竞买人在网上交易系统中并行竞买这2宗地，经过143次和94次激烈竞价，最终以1.681亿元和3.3906亿元高价成交，增值资金3.3548亿元，增值率达196%。竞得人都为鄂尔多斯市通惠置业有限责任公司，此2宗地为住宅用地。

2020年以前，工业用地土地交易金额最大，占比在40%以上；商业用地交易平稳，占比在9%~18%之间。2020年，住宅和商住用地交易金额占比增大，超过工业用地占比，交易主要集中在康巴什新区和伊旗中心城区，其中康巴什新区2宗土地，成交价5亿多元；伊旗中心城区3宗土地，成交价7亿多元。以上现象表明，康巴什新区和伊旗中心城区住宅用地刚性需求量增大，康巴什、伊旗这两处住宅用地可新增城市人口6000人。

二、鄂尔多斯市城乡建设土地利用存在的问题

（一）耕地质量总体不高，保护利用与提高产能的任务艰巨

全市现有耕地主要为旱耕地。农用地分等成果表明，其质量较差的中低产田面积占70%以上，耕地自然质量等别、利用等别和经济等别均处于中下等，产量低且不稳定，是长期投入不足、重用轻养、广种薄收的结果。但只要加大投入，培肥地力，保护利用，改善生产条件，提高耕地质量与产能的潜力是巨大的。

（二）建设用地集约利用程度低

主要表现在城乡用地结构和布局不尽合理，集约利用水平低。全市农村

居民点用地类型复杂，居住、生产、畜牧养殖等用地类型混合其中，数量大，布局分散，居住环境差，人均用地超标；城镇用地内部结构和布局不尽合理，土地利用效率较低；独立工矿用地中，部分企业规模偏小，布局松散，容积率低，土地产出效益较差。

（三）土地利用环境承载能力弱

鄂尔多斯市的林地面积占土地总面积的 13.12%，集中分布在黄河沿岸及东、中部地区，西部干旱、荒漠地区林地面积小，植被覆盖率低，特别是南部广大的黄土丘陵区，沟壑纵横，水土流失严重，生态环境脆弱。

第五节 鄂尔多斯市土地利用总体规划与评价

一、节约集约利用建设用地

（一）严格控制建设用地规模

合理增加建设用地，基本保障全市经济社会发展用地需求，重点保障国家、自治区、鄂尔多斯市政府确定的重点区域、重点项目的用地需求。

按照区别对待、有保有压的原则，合理安排各类建设用地增量指标和项目建设时序，重点做好各项建设用地的近期规划，明确近期建设用地的规模和布局。优先支持中心城市发展用地及工业集聚区用地，重点保障符合产业发展政策和经济发展需求的重点项目用地，以及关系民生的项目用地，完善新增建设用地年度计划编制办法，促进城乡建设用地结构优化。

加大对城镇和村镇闲置、空闲、闲散用地的整合力度，鼓励低效用地增容和深度开发；加大存量建设用地挖潜力度，积极盘活城乡存量建设用地。在土地供应中，将盘活挖潜存量土地与新增用地计划指标挂钩，提高盘活挖潜存量建设用地比重。积极推广各类建设节约用地技术，新增建设项目必须严格遵守建设项目用地控制指标，推进节约集约用地。

（二）优化配置城镇工矿建设用地

按照人口、产业集聚进程的要求，合理安排城镇工矿用地规模、结构与时序，调控城镇和工矿用地非理性扩张，实现土地城镇化与人口城镇化协调发展。除能源、矿产资源开发、交通、水利、国防设施等用地外，从严从紧控制独立选址项目的数量和用地规模。

积极推进鄂尔多斯市城市化进程，以工业促进城市化，以城市化带动社会经济全面发展，以城市发展推动生态环境保护，实现全市人口、资源、环境协调发展。形成中心城市、副中心城市、重点城镇和一般镇布局合理、功能互补、协调发展、充满活力的市域城镇体系，坚持走与新型工业化路子紧密结合、推进城乡一体化、有鄂尔多斯市特色的城镇化道路。统筹优化全市城镇建设用地，促进各城镇间的分工协作和优势互补，促进用地少、就业多、人口和产业集聚能力强的市域城市用地格局的形成，增强城市综合承载能力，合理保障城镇基础设施用地和现有旗县所在地发展用地，构建集聚经济、人口和提供公共服务的地区中心。优化城镇用地内部结构，控制生产用地，保障生活用地，提高生态用地比例，加快城中村及旧城区改造，合理调整城镇土地供给结构，优先保障城镇基础设施、公共服务设施、经济适用住房及普通住宅建设用地，促进城镇和谐发展。

将开发区用地纳入城镇建设用地规划范围，加快建设进度，完善基础设施，积极引进科技含量高、能耗低、污染小、用地集约、产业层次高的项目，使开发区和工业基地成为全市工业经济发展的重要载体和新的经济增长点。在完成土地集约利用评价的基础上，严格按土地利用总体规划和集约用地指标审核开发区用地，提高开发区用地的效率和效益。

以国家产业发展政策为导向，优先保障技术含量高、社会经济效益好的产业发展用地，优化工矿用地结构和布局，加强工业用地调整，保障能源和矿产资源开发用地，积极支持发展与地区资源环境条件相适应的产业。按照因地制宜、合理规划的原则，着力改变工矿用地布局分散、粗放低效的用地现状，促进工矿基地化和规模化发展。

（三）整合规范农村建设用地

落实"工业反哺农业，城市支持农村"的方针，积极支持新农村建设，在坚持尊重农民意愿、保障农民权益的前提下，积极推进农村建设用地整合和综合整治。在规划期内，从严控制农民住宅建设，农民新建住宅应优先利用村内空闲地、闲置宅基地和其他土地，加强对"空心村"用地的改造，严格落实"一户一宅"制度，禁止超标准占地建房，逐步解决现有的超标准用地问题。按照新农村建设的要求，切实搞好村镇规划，合理引导农牧民住宅相对集中建设，逐步形成既保持传统乡土特色又适应现代农牧业和农村发展要求、集中与分散相结合的农村居民点格局。重点保障农业生产、农民生活必需的建设用地，支持乡村公路、饮水工程等基础设施建设和教育、卫生、农贸等社会事业发展，构建宜居、高效、优美的人居环境。

（四）建立健全节约集约用地机制

1. 建立和完善建设用地控制标准和评价体系

严格贯彻落实国家各类建设项目用地控制标准，针对鄂尔多斯市区域经济发展、不同行业用地需求及节约集约用地目标，积极建立和完善地方控制标准与节约集约用地评价体系，定期对各类建设项目的投资强度、容积率、建筑密度、生产用地比重、绿化率等控制指标进行调整与更新，引导建设用地集约利用，实现超强度供地。

2. 逐步扩大国有土地有偿使用范围

严格执行国家划拨用地目录，进一步加强对划拨用地的管理，逐步解决历史遗留问题。积极推进土地有偿使用，加快探索、建设国家机关办公和交通、能源、水利等基础设施。根据城市基础设施以及各类社会事业用地有偿使用办法，对其中的经营性用地必须实行有偿使用，使土地资源的价值得到充分体现。

3. 积极探索土地出让新模式

工业用地和商业、旅游、娱乐、商品、住宅等经营性用地，必须实行招标、拍卖、挂牌等方式公开出让。探索土地出让的合理年限，针对不同类型工业企业特点及发展周期，实行土地租赁制，逐步完善土地市场管理。

4. 健全土地收购储备机制

积极探索快速发展形式下的城镇建设新模式，不断拓宽土地收储范围。完善土地收储计划，制订合理的年度土地收储规模、土地前期开发规模、土地供应规模计划等，达到整体储备、规模开发、统一供应的目的，充分而有效地利用好有限的土地资源，引导城镇土地集约和可持续利用。土地收购储备机构必须隶属于市、旗国土资源管理部门，确保土地收购储备资金运行安全可靠。

（五）加强建设用地空间管制

1. 实行城乡建设用地扩展边界控制

科学划定城乡建设用地的扩展边界，实行城乡建设用地扩展边界限定，控制城乡建设用地盲目无序扩张。城乡建设用地要想扩展到边界外的农用地并转用，只能安排能源、交通、水利、军事等必需单独选址的建设项目，并要提高土地规划许可条件，严格许可程序，落实城乡建设用地空间管制制度，不占或少占耕地。

2. 加强项目用地前期论证和计划管理

建立建设项目用地前期论证制度，加强建设项目用地前期论证，强化土地利用总体规划、土地利用年度计划和土地供应政策等对建设用地的控制和引导。

3. 合理控制产业集聚区用地规模

将开发区纳入城镇总体规划，统筹布局，整合优化现有建成区，保障近期发展区，适当预留远期控制区。对产业基地要科学定位、规模适当、动态管理、滚动发展，规模须符合人均城镇用地控制标准和投资强度、容积率等有关要求，以提高节约集约用地水平。鼓励打破旗、区级行政界限，以市为单位统筹发展市级重点产业集聚区，避免各旗、区各自为战，盲目圈占土地。项目区设立要与当地资源条件、工业化、城镇化发展相适应，与当地土地资源的供给能力相适应。

4. 从严控制非农业建设占用耕地

要从促进节约集约用地入手，通过严格供地政策、制定项目用地控制指标、细化市场准入条件等措施，从源头上减少非农业建设对耕地的占用。

5. 促进城镇内部用地结构调整

根据各城镇性质、资源条件等自身特点，优先采用以公共交通为导向的城镇用地开发模式，调整优化居住、商业、工业、公共服务、基础设施、卫生环保及生态保障等用地的比例。加强城镇建设用地供地调控，合理调整城市土地供给结构，重点促进城镇建成区内低密度、低效用地的挖潜利用，提高城镇用地效率。

6. 加强矿山资源开发土地复垦，完善监管制度

要坚持资源开发与环境保护相协调，禁止向严重影响环境的开发项目提供用地，预防开发建设对生态环境可能造成的不利影响。加强能源、矿山资源开发土地复垦监督，完善监管制度。建立矿山生态和环境恢复保证金制

度，强化对矿区生态环境的保护监督，严格生态环境破坏责任追究制。加强对尾矿和退化土地的综合整治，提高区域生态环境整体质量。

二、中心城区土地利用调控

（一）中心城区规划建设用地规模控制

按照鄂尔多斯市中心城市近期和远期空间时序发展规划，合理安排中心城区城市建设用地，规划期内将有部分农村居民点、独立工矿用地、109高速、210国道、包茂高速、包神铁路、包西铁路、东乌铁路、准东铁路等干线交通用地，三台基川、乌兰木伦河、掌岗图河、昆独龙河、柳沟河、敖包图河等河流库区水面及两侧绿化用地，城市边缘绿地绿色通道及生态山体等进入城市用地范围。

（二）中心城区用途管制

1. 允许建设区

允许建设区是规划期内新增城镇、工矿建设用地选址的区域，也是规划确定城市建设用地指标落实到空间上的预期用地区。其管制规则为：

（1）区内土地主导用途为城市建设发展空间，具体土地利用安排应与依法批准的相关规划相协调。

（2）区内新增城市建设用地受规划指标和年度计划指标约束，应统筹增量保障与存量挖潜，促进土地节约集约利用。

（3）规划实施过程中，在允许建设区面积不改变的前提下，其空间布局形态可依程序进行调整，但不得突破建设用地扩展边界。

（4）允许建设区边界（规模边界）的调整，但是须报规划审批机关同级国土资源管理部门审查批准。

2. 有条件建设区

有条件建设区指城市建设用地规模边界以外、扩展边界以内的范围。在不突破规划建设用地规模控制指标的前提下，区内土地可以用于规划建设用地区的布局调整。其管制规则为：

（1）区内城市用地允许按建设区的要求进行管理，区内线性基础设施用地和其他独立建设用地按照管制建设区的要求进行管理。

（2）在城市用地规模控制指标已经用完且所有约束性指标没有被突破的前提下，经报规划审批机关同级国土资源管理部门审查批准，区内土地可安排用于实施城乡建设用地增减挂钩（或农村居民点缩并）的新增建设用地。

（3）区内新增城市用地受年度计划指标约束，并与拆并建设用地规模挂钩，实行"先拆后建"。

（4）城乡建设用地增减挂钩项目建设占用的耕地，必须严格依靠辖区范围内的旧村庄拆并复垦补充。

（5）规划期内建设用地扩展边界原则上不得调整。如需调整应按规划修改处理，严格论证，报规划审批机关批准。

3. 禁止建设区

禁止建设用地边界所包含的空间范围是具有重要资源、生态、环境和历史文化价值，必须禁止各类建设开发的区域。其管制规则为：

（1）区内土地的主导用途为生态与环境保护空间，严格禁止与主导功能不相符的各项建设与开发活动。

（2）除法律法规另有规定外，规划期内禁止建设用地边界调整。

（3）区内土地整理复垦开发与建设项目用地须报规划审批机关同级国土资源管理部门组织项目选址和用地的论证，从严把关。

4. 限制建设区

限制建设区指辖区范围内除允许建设区、有条件建设区和禁止建设区以外的区域。其管制规则为：

（1）区内土地主导用途为农业生产空间，是开展土地整理复垦开发和基本农田建设的主要区域。

（2）区内新增建设用地受规划指标和年度计划指标双重约束，禁止城、镇、村建设，严格控制线性基础设施和独立建设新增用地。

（3）规划中已列明且已安排用地布局的线性建设项目，符合规划；规划中未列明，或虽已列明但未安排用地布局的线性建设项目，须由规划批准机关同级国土资源管理部门组织开展项目选址和用地的专家论证，论证通过后方可审批。

三、区域土地利用的调控

(一) 土地利用综合分区与调控方向

围绕区域发展战略和政策,从揭示区际差异性和区内相似性出发,分析鄂尔多斯市不同地区的自然环境条件、经济社会状况和土地利用特点,辨识不同的自然、经济、社会条件下形成的土地利用格局。分区遵循的基本原则:①土地利用方式和地貌相对一致;②与自治区规划分区相衔接;③未来区域发展战略导向相对一致;④土地利用问题和管理措施相似性;⑤保持旗区行政界限的完整。将全市划分为鄂尔多斯东部丘陵农林牧及矿产资源开发利用区、鄂尔多斯西部高原牧农林及重化工业用地区、毛乌素沙地林牧农及天然气开发利用区,并提出各区土地的利用方向和调控政策。鄂尔多斯市土地利用综合分区情况如表3-4所示。

表3-4 鄂尔多斯市土地利用综合分区

土地利用分区	包含的行政单位
I 鄂尔多斯东部丘陵农林牧及矿产资源开发利用区	准格尔旗、东胜区、伊金霍洛旗、达拉特旗
II 鄂尔多斯西部高原牧农林及重化工业用地区	鄂托克旗、鄂托克前旗、杭锦旗
III 毛乌素沙地林牧农及天然气开发利用区	乌审旗

1. 鄂尔多斯东部丘陵农林牧及矿产资源开发利用区

该区域为黄河南岸平原、东部丘陵和中部波状高平原地貌,面积为23878.1918平方千米,占全市土地总面积的27.40%。

土地利用方向和调控政策:加强黄河南岸平原耕地特别是基本农田保护,协调好各类建设用地布局与耕地、基本农田保护的关系,积极发展生态畜牧业和经济林果业,集中建设沿河现代农牧业产业带。强化区域性中心城市建设,坚持高水平规划、高标准建设、节约土地、集约发展、合理布局,增强城市发展活力,提高其辐射力、带动力、创造力、凝聚力和竞争力。充分发挥区位优势与资源优势,严格执行《鄂尔多斯市矿产资源总体规划》,坚持"节约与开发并重"的原则,合理开发利用和保护矿产资源,优化布局,调控总量,建设国家和自治区综合能源重化工矿产开发区。保障跨区域交通、水利等基础设施建设用地,积极支持国家和自治区级开发区建设,支持能源重化工业基地建设，提高土地集约利用水平。加强林草、水域、湿地等生态用地保护，维护自然地貌的连续性，顺应自然地形地貌的形态，依据土地适宜性安排各类用地，保护水源地和自然保护区。加快农田林网、沿河防护林带建设，大力开发麻黄、甘草等资源，实行轮封轮牧政策，造林种草，恢复植被，治理水土流失。

2. 鄂尔多斯西部高原牧农林及重化工业用地区

该区域为黄河南岸平原、库布齐沙漠及波状高平原地貌，面积为51669.1909平方千米，占全市土地总面积的59.29%。

土地利用方向和调控政策：以草定畜，划区轮牧，休牧禁牧，保持草畜平衡、生态平衡、食物链不断。在保护好、利用好天然草场的同时，建立人工打草场和高质量的饲草料基地，发展生态畜牧业。加强沿河地区耕地特别是基本农田保护，大力节水灌溉，发展现代农业，促进农牧业产业带的形成。以矿产资源开发与产业发展为重点，大力推进能源重化工业发展，构筑与市域经济发展相适应、与工业战略布局相协调的工矿业开发利用格局。统筹城乡一体化发展、第二产业与第三产业布局、人口转移和经济区域协调，科学确定城镇发展布局与用地规模，突出城镇的产业支撑，以业兴城，以城聚业，增强城镇发展动力，巩固发展旗府城镇，加快发展上海庙、棋盘井、蒙西、巴拉贡等产业重镇，促进城乡互动、协调发展。维系河道、湖泊的自然形态，保护湿地系统、水源地及自然保护区。采取灌草、沙障、防风固沙林、引洪等生物与工程措施，治理库布齐沙漠向北、南、东扩展。

3. 毛乌素沙地林牧农及天然气开发利用区

该区域位于鄂尔多斯南部的毛乌素沙地，面积为11593.7471平方千米，占全市土地总面积的13.31%。

土地利用方向和调控政策：严格保护无定河沿岸耕地和基本农田，加大土地整理力度，发展节水灌溉，改造中低产田，提高耕地质量和农业防灾抗灾能力，增强粮食生产能力。以天然气及石油开采利用为重点，加大对煤层气的勘查力度，并对其开采利用技术进行立项研究，积极拓展天然气发电和建材、机电、轻纺、石化、冶金等工业燃料应用领域，强化管网建设，推进"西气东输"战略的实施。大力推进以灌草为主、少量发展乔木的植被建设，提高生态系统的自我修复能力。防止因资源开发而加剧沙漠化和水土流失,加快区域环境治理。依据矿区自然环境特点,建设具有网片带、乔灌草相结合的生态防护林体系。在沙漠地区,封沙育林育草,保护与恢复天然植被;在农田及井田作业区周围沙漠化发展区,采取多种措施造林种草,固沙护土,防止水土流失;在农田种植区加强农田防护林网的建设;在矿区内部,以交通沿线、井田作业区、居民点、生活区及河流沿岸为中心进行绿化美化,达到总体防护的目的。充分利用水土条件优越的地区,促进饲草料基地建设,增强畜牧业的可持续发展能力。重点保障交通、能源、水利、环保及城镇基础设施用地,积极推进城镇化进程。

(二)土地利用功能分区与管制

为了实施土地利用管制,促进土地资源的合理开发、利用,切实保护耕地,协调好建设、农业与生态保护用地的关系,按土地利用类型和空间发展政策,划定以下土地利用功能区,并确定主要区域管制措施。

1. 基本农田集中区

基本农田集中区是耕地分布相对集中、优质基本农田占比例较大、需要进行重点保护和基本农田建设的区域。

管制措施:以高产、优质、高效利用为目标,积极开展基本农田集中区土地整理建设,可进行直接为基本农田服务的农田道路、水利设施、防护林等建设;基本农田集中区内的耕地优先划定为基本农田,建立标志档案,落实责任人,制定具体保护措施,实行保护利用;区内非农建设用地和其他零星用地应当优先整理复垦和开发为基本农田,规划期间确实不能整理复垦和开发的,可保留现状用途,但不得扩大面积;不得进行取土、采矿、堆放固体废弃物等其他破坏、污染区内土地的用地活动,禁止安排城镇村新增非农建设用地;加大土地整理整治力度,改良土壤,培肥地力,改善生产条件,不断提高耕地质量和生产能力。

2. 城镇发展区

城镇发展区是以城镇功能为主导用途的区域,包括中心城市、次级中心城区和人口相对集聚的其他镇区。

管制措施:区内土地利用应符合城市(镇)和开发区(园区)规划;区内建设应充分挖潜利用现有建设用地、闲置地和废弃地,坚持节约集约用地,尽量少占或不占耕地;区内农用地在批准改变用途之前,应当按原用途使用，不得荒废；保护和改善城市（镇）生态环境，禁止建设占用规划确定的永久性绿地和基本农田；允许在建设用地总规模不变的前提下，在城市（镇）扩展边界以内，适当调整用地空间布局形态。

3. 自然与历史文化遗产保护区

自然与历史文化遗产保护区是为保护特殊的自然与历史文化遗产依法认定的区域，包括自然保护区的核心区、森林公园、地质公园、风景名胜、文化古迹及其他具有特殊自然与历史文化价值的土地利用区。

管制措施：区内土地利用须服从生态保护需要，严格执行保护区总体规划和有关法律法规，合理安排旅游基础设施建设用地，强化配套服务设施体系建设，改善旅游环境，发展旅游产业；区内影响环境保护的其他用地应按要求调整到适宜的用地区；区内禁止不符合专项规划的各类建设，以及乱砍滥伐、倾倒废弃物和污水等破坏自然与历史文化遗产资源的行为。

4. 生态环境安全控制区

生态环境安全控制区是指主要河湖及其滞洪区、重要水源地保护区、地质灾害危险区等基于生态环境安全目的需要进行土地利用特殊控制的区域。

管制措施：生态环境安全控制区的划定应与相关专项规划协调衔接；区内土地利用须服从生态安全控制的需要，禁止影响区域环境安全的建设项目用地；适度开发生态环境控制所需配套项目的建设用地，慎重对待水源地和地质灾害多发地周围的项目用地，避免区内生态水资源的破坏和地质灾害的发生。

5. 独立工矿区

独立工矿区是以集中发展能源重化工产业为主导用途、相对集中连片的生产性用地区域。

管制措施：区内土地利用应符合相关产业及矿产资源等专项规划；区内建设应充分挖潜利用现有建设用地、闲置地和废弃地，坚持节约集约用地，尽量少占或不占耕地；区内农用地在批准改变用途之前，应当按原用途使用，不得荒废；保护和改善区域生态环境，禁止建设占用规划确定的永久性绿地和基本农田。

6. 一般农业发展区

一般农业发展区指上述功能区以外的用地，进一步划定为林业发展区、牧业发展区和水产养殖发展区等功能区。

第三章　鄂尔多斯市城镇化发展与土地利用分析

管制措施：不得擅自转变区内土地用途，确需改变的，必须按照有关规定严格审批，鼓励与生产相关的基础设施用地和设施农业用地。实施禁牧、休牧、封育、划区轮牧等生产利用方式，重点发展资源节约型和环境友好型畜牧业，保护草地牧场，严禁破坏性利用，给草地生态系统留有自我修复的机会；严禁毁林开垦、采石、挖沙、取土等活动，保护森林资源，结合生态工程建设，加快农田林网化和生态绿化进程，扩大现有林地面积，建好绿色屏障，办好绿色产业；在有条件的地段发展人工草地和改良草地，扩大饲草料地面积，开展各类草库伦建设，提高牧草产量与质量，促进可持续利用。

（三）旗区土地利用的调控

通过对经济社会发展水平、发展趋势、资源环境条件、土地利用现状、土地资源潜力等因素的综合分析，保障鄂尔多斯市市域发展战略的实施，分别制定各旗区的耕地保有量、基本农田保护面积、城乡建设用地规模、整理复垦开发补充耕地、新增建设占用耕地规模等土地利用约束性指标，以及园地、林地、牧草地等预期性指标，以强化旗区级行政辖区的土地利用调控责任。

规划确定的各项目标和指标，纳入旗区国民经济和社会发展规划与计划并严格执行。将耕地保有量、基本农田保护面积、城乡建设用地、新增建设占用耕地等指标分解下达到各旗区，且必须严格落实，不得降低或突破；预期性指标应通过经济手段、法律手段和行政手段加以引导，力争实现。

各旗区要在本规划原则、目标和主要任务指导下，结合地方经济社会发展战略的实施，切实落实所属区域的土地利用政策，加强本行政区域范围内土地利用的统筹协调，做好全市土地利用规划指标的空间落实和用地政策上的相互衔接，促进形成统筹协调的土地利用秩序。

第四章 锡林郭勒盟城镇化发展与土地利用分析

第一节 锡林郭勒盟城镇化的基础背景条件

锡林郭勒盟属于典型的边疆少数民族地区，自然地理环境和人文地理环境具有自己的独特之处。同时，自然地理环境和人文地理环境是每个地区推进城镇发展的基础条件。因此，综合考察锡林郭勒盟的自然地理环境和人文地理环境，是研究锡林郭勒盟城镇化发展及其发展模式的先决条件。锡林郭勒盟城镇化发展条件指标体系如表4-1所示。

一、区位条件

锡林郭勒盟位于内蒙古自治区中部，是具有典型的边疆和民族特色的地区之一。特殊的位置背景使其区位条件具有诸多特点。因此，为深入剖析锡林郭勒盟区位条件特征，主要从国际和国内的双重视角对锡林郭勒盟的区位条件进行深入的综合分析和讨论。

从国际位置来看，锡林郭勒盟位于内蒙古的中部，北纬42°32'~46°41'，东经111°59'~120°00'，总面积约20.3万平方千米。其北部与蒙古国接壤，边境线长1103千米。锡林郭勒盟与周边国家和地区具有较强的经济互补性、区域协同性、民族和文化相似性，境内有二连浩特和珠恩嘎达布其国际性常年开放陆路口岸。近年来，锡林郭勒盟紧紧围绕我国"一带一路"倡议、俄罗斯跨欧亚大通道建设和内蒙古"发展之路"倡议，对接这条主线，充分利用自身地理位置和自然资源优势,开展边境贸易、矿产资源加工等产业,依靠对外贸易业使一些边境城镇得到了长足的发展。

从国内位置来看,锡林郭勒盟位于我国正北方,属华北地区。锡林郭勒盟距离我国东部沿海发达地区较远,区位上的劣势很大程度上限制了其与发达地区的贸易联系、技术交流、资本转移和人才交往,使其难以与发达地区开展经济一体化建设。因此,加快建立和完善锡林郭勒盟与发达地区的交通基础设施建设,减小空间距离的不利影响,不断降低贸易成本,节省运输时间,对于锡林郭勒盟经济发展、社会发展、城镇建设,以及加快锡林郭勒盟现代化建设具有重要意义。

二、资源条件

锡林郭勒盟自然、社会文化资源十分丰富,草原资源经济潜力巨大,为第二、三产业的发展及推动牧区城镇化提供了良好的资源基础。

(一)草原资源

锡林郭勒草原是世界四大天然草原之一,是距我国首都北京最近的草原牧区,也是我国北方生态屏障的重要组成部分。境内的锡林郭勒国家级草原自然保护区被联合国教科文组织纳入国际生物圈监测体系。锡林郭勒盟草原类型丰富,东北部和东部地区主要集中分布着草甸草原,面积17.96万平方千米,优良牧草占草群的50%,是锡林郭勒盟水草最为丰美的地区;典型草原主要分布于锡林郭勒盟中部和东部,可利用面积13400万亩,占全盟可利用草场的50.6%;荒漠草原主要位于锡林郭勒盟西部,可利用面积4243万亩,占全盟可利用草场面积的15.9%;沙地植被主要分布在锡林郭勒盟的西部和中南部地区,沙地植被可利用面积3591万亩,占全盟可利用草场面积的13.6%。

从草原资源来看,锡林郭勒盟具有发展草原畜牧业的绝对优势,丰富的草原资源,加上锡林郭勒盟草原畜牧业浓厚的经济文化底蕴,使其具备形成较长的草原畜牧业产业链条的条件。因此,锡林郭勒盟具备通过规模化、集约化生产,依靠草原畜牧业产业化发展来带动整个牧区经济发展的条件和基础,使其成为以草原资源可持续利用为前提,以畜牧业生产为基础,以畜产品加工、生产以及销售为草原畜牧业社会化分工集聚效应的城镇。

（二）矿产资源

锡林郭勒盟矿产资源丰富，已发现的矿种就有 80 多种，探明储量的有 30 余种。已探明煤炭资源储量 1448 亿吨，预测煤炭储量 2600 亿吨，预测含煤区 60 余处，其中 5 亿吨至 50 亿吨以上煤田 33 处，胜利、白音华、额和宝力格、高力罕、五间房等 5 处超百亿吨。金属矿 30 余种，已探明储量的有铁、钨、锌、铜、铅、铋、锡、铬、钼、镍、金、银等 17 种。非金属矿主要有碱、盐、云母、萤石、石灰石、花岗岩、玛瑙、石膏等。石油埋藏分布较广，二连盆地油田穿越锡林郭勒盟的 10 个旗市，总面积 10 万平方千米，已探明储量 10 亿吨。在过去的 10 年间，锡林郭勒盟依靠丰富的矿产资源采掘业，让经济发展驶入了快车道，但同样带来了严重的生态环境问题。

（三）水资源

锡林郭勒盟属温带大陆性气候，主要特点是春秋少雨干旱，蒸发量大，多年平均降水量在 140~400 毫米之间，年平均蒸发量达到了 1700~2700 毫米，大气降水是锡林郭勒盟地表水系和地下水的主要补给来源。全盟主要有河流 20 余条，大小湖泊 470 余个，总面积约 500 平方千米，境内河流主要分布在南部旗县。锡林郭勒盟水资源总量为 34.92 亿立方米，可利用水资源总量为 19.69 亿立方米。其中，地表水可利用量为 3.98 亿立方米，地下水可利用量为 16.34 亿立方米。锡林郭勒盟水资源可利用量和分布影响了锡林郭勒盟产业结构和城镇发展布局，锡林郭勒盟的城镇化进程必须考虑水资源的承载量。

（四）旅游资源

锡林郭勒盟自然风光秀丽，历史文化悠久，民俗风情多彩，文物古迹丰富，仍然保留着最传统、最完整的游牧生产生活方式。锡林郭勒草原孕育了灿烂的游牧文明，淳朴、善良、豪放、热情的蒙古族人民在锡林郭勒大草原上生生不息，至今仍然保留和延续着蒙元文化和游牧文明。覆盖全境的锡林郭勒大草原以原始、淳朴、辽阔、完整而著称于世，草原类型多样，动植物种类繁多，具有很高的旅游价值、科学价值和生态价值。锡林郭勒盟现有 A 级景区 18 处，其中 4A 级景区 6 处、3A 级景区 5 处、2A 级景区 7 处。近年来，锡林郭勒盟的旅游业得到了快速发展。2019年，全盟旅游接待总人数达1937万人次，较2015年增长44.5%；旅游业总收入424亿元，较2015年增长50.3%。旅游业已经成为锡林郭勒盟的重要支柱产业。

三、生态环境条件

刘燕华把我国北方干旱半干旱半湿润地区年均350毫米降雨量保证率大于50%、年均400毫米降雨量保证率小于50%、干燥度在1.5~2.0的区域定义为脆弱生态环境。锡林郭勒盟年平均降水量在140~400毫米之间，年平均蒸发量达到了1700~2700毫米，干燥度在4.0以上。因此，锡林郭勒盟可以被称为生态脆弱地区。在国家和内蒙古自治区主体功能区划中，对锡林郭勒草原的特殊战略定位，也凸显了锡林郭勒盟生态环境安全保护的极端重要性。与此同时，草场退化和草原荒漠化的"双化"问题是锡林郭勒盟当前最主要的生态环境问题。它不但制约着锡林郭勒盟自身的发展，而且对我国北方地区乃至全国生态安全构成了严重的威胁。因此，生态环境脆弱性和保障锡林郭勒盟生态安全的重要性在一定程度上导致锡林郭勒盟部分地区的国土空间不适宜进行工业化、城镇化开发，在工业化、城镇化与生态环境保护方面存在着突出矛盾。锡林郭勒盟城镇化必定受到生态环境条件的制约和影响，这也会对锡林郭勒盟城镇化发展及其城镇化模式的选择上产生影响。

四、社会经济条件

（一）国家宏观发展战略

党的十九大提出，中国特色社会主义进入新时代，我国社会主要矛盾已经转化为人民日益增长的美好生活需要和不平衡不充分的发展之间的矛盾。实施区域协调发展战略，是党的十九大后重要的发展方向，国家顶层设计和政策方针将会对处于欠发达地区的牧区城镇化产生深刻的影响。一方面，在现阶段我国发展不平衡不充分的背景下，国家势必会大幅度地增加对中西部落后地区的政策支持和资金投入，特别是对像锡林郭勒盟这样的国家重点生态功能区和贫困地区（锡林郭勒盟9个纯牧业旗县，有国家级贫困县2个、自治区级贫困县4个）的政策和资金扶持，对促进锡林郭勒盟城镇化发展具有特别重要的意义；另一方面，根据锡林郭勒盟资源环境和经济发展的自身特征，破解地区经济发展与资源、环境生态之间的不平衡，区域之间、城乡之间发展的不平衡和经济与社会发展之间的不平衡的问题也同样会对锡林郭勒盟城镇化进程产生重大影响。

(二) 国内外残酷的市场竞争

改革开放 40 多年以来，优先发展起来的中东部地区使其自身市场规模和经济实力得到明显的扩大和增强，市场化程度和经济发展水平上升到了一个较高的层次，与欠发达地区相比形成了巨大的优势。对于像锡林郭勒盟这样的经济发展相对落后的民族牧区来讲，势必与处于更高发展层次上的中东部地区存在竞争关系，企业进入市场竞争的门槛高于中东部地区。这会给锡林郭勒盟的产业发展造成限制性影响，不利于其工业化快速发展。这也使其城镇发展缺乏产业支持的情况短期内难以得到明显的改变，对农村富余劳动力难以产生持续、有效的吸引力，从而不利于该地区城镇化水平的提高。此外，我国新一轮的对外开放政策使得国内市场和国际市场的界线更加弱化。虽然经济全球化给国内企业带来了史无前例的发展机遇，但同样也带来了挑战。国内市场竞争的国际化，使得没有区位、基础设施、管理经验等方面优势的锡林郭勒盟在市场竞争上处于弱势，而这种限制因素必将阻碍民族牧区的企业发展和壮大，影响产业发展，进而对其城镇化进程造成不利影响。

第二节 锡林郭勒盟城镇化的现状特征

一、锡林郭勒盟城镇化的发展历程

(一) 1978—1990 年的缓慢增长阶段

这一阶段国家把工作重心全面转移到经济建设当中。同时，1978 年国家实施对外开放政策，牧区社会经济发展步入正常轨道。国家重点支持东部沿海地区的发展，而锡林郭勒盟由于地理位置偏远、交通设施落后，在区域竞争中处于明显劣势，导致其经济发展缓慢，经济发展处于较低水平，城镇化进程缓慢。

（二）1990—2012年的快速上升阶段

这一阶段可以说是锡林郭勒盟的大变革时代，草场承包、生态移民和西部大开发等一系列对锡林郭勒盟影响深远的政策相继出台和落地。在此期间，国家对锡林郭勒盟的重点建设使得锡林郭勒盟出现了一批工业城镇，如最具代表性的西乌珠穆沁旗的白音华镇。总之，这一阶段在生态移民和大规模资源开发的推动下，锡林郭勒盟城镇化迎来了快速发展时期。

（三）2012年至今的波动阶段

2012年，党的十八大胜利召开，会议作出了"大力推进生态文明建设"的战略决策。2017年，在党的十九大上，习近平总书记提出，"加快生态文明体制改革，建设美丽中国"。绿色发展成为国家发展的大方向和总基调。过去以资源开发来促进经济发展的锡林郭勒盟在经济发展上受到了严重的影响，长期以资源密集型工业化来带动城镇发展的方式所产生的弊端开始显现，经济增长乏力。和前期相比，锡林郭勒盟城镇化速度明显放缓。这一阶段，锡林郭勒盟城镇化发展处于波动时期。

二、锡林郭勒盟城镇化水平

20世纪90年代以来，锡林郭勒盟公共基础设施不断完善，经济实力不断增强，城镇化进程与全国一道取得了令人瞩目的成就。2021年末，全盟常住人口111.57万人，比上年末增加0.69万人。其中，城镇人口83.16万人，乡村人口28.41万人；常住人口城镇化率74.5%，比上年提高0.7个百分点。锡林郭勒盟各旗县中，锡林浩特市城镇化进程表现尤为突出，城镇化率远高于其他旗县和全国平均水平，达到90%以上，这主要得益于锡林浩特市的地区政治、经济中心地位。方便的交通设施、优越的教育资源和医疗服务使得周边其他地区的农牧民更愿意选择到此置业定居。

锡林郭勒盟的城镇化进程既有全国其他地区共同的特点，也有自身的独特之处。和全国城镇化轨迹一样，锡林郭勒盟旗县的城镇化整体处于上升水平，但也会出现异常波动，出现大起大落的现象，尤其是在苏尼特右旗，这种现象表现得更为明显。结合锡林郭勒盟的现实发展背景，其城镇化发展与传统农业地区相比，更易受到政府政策的影响。20世纪90年代末的生态移民和 2000 年以后的西部大开发政策加快了锡林郭勒盟的城镇化进程，城镇化率快速提高。随着近年国家对生态环境保护的重视程度不断加深，以矿产资源开采为主的锡林郭勒盟工业受到了明显影响，工业化对城镇化的促进作用持续下降。2010 年以后，多个牧区旗县的城镇化增长率低于全国平均水平。这也从侧面反映出锡林郭勒盟产业结构单一，城镇的第二、三产业对城镇化的拉动作用不明显及城镇化质量不高的现实情况。

三、锡林郭勒盟城镇化的特征

（一）城镇化的分布特征

锡林郭勒盟城镇分布总体表现出"南密北疏、空间布局分散"的结构特征。

受自然地理环境、交通网和资源分布的影响，锡林郭勒盟北部和南部城镇化发展存在很大差距。锡林郭勒盟南部地区城镇分布较为密集，3 个纯牧业旗县平均城镇密度为 7.56 个/万平方千米，再加上 2 个非纯牧业旗县，锡林郭勒盟南部地区的平均城镇密度达到了 9.52 个/万平方千米，而锡林郭勒盟的中部、西部以及东部地区平均城镇密度仅有 2.49 个/万平方千米，南部地区平均城镇密度是北部的 3.03 倍。

锡林郭勒盟城镇分布不仅"南密北疏"，而且各旗县城镇在空间分布上具有"大分散、小集中"的特征。锡林郭勒盟位于锡林郭勒大草原上，地域十分广阔，行政区划面积有 20 多万平方千米，地势比较平坦，大的河湖、山脉较少，城镇之间的距离大都较远。从锡林浩特到最近的旗县中心城镇距离也在 100 千米以上，最远的将近 400 千米，地区内城镇分布十分分散。此外，锡林郭勒大草原是游牧民族的传统家园，生活在此的人们过着"逐水草而居"的游牧生活。历史上由于自然生存条件较差且四季游牧，使得锡林郭勒盟人口基数小，相对于农业地区人口增长缓慢，人口分布比较分散。可以认为，区域传统的生产生活方式在一定程度上也影响着现代城镇空间的分布格局。

（二）城镇化的职能特征

锡林郭勒盟城镇具有发展经济和维护整个生态安全的双重职能特征。

对比农业地区的城镇主要承担发展经济的职能作用，锡林郭勒盟草原牧区城镇不仅要起到促进地区经济发展、实现牧民增收的作用，更重要的是要承担维护地区生态安全的职能。锡林郭勒盟的城镇职能作用既有经济属性，也具有生态属性。研究表明，按现在的草地生产情况和经营方式，内蒙古自治区 24 个纯牧业旗县里只有两个旗（额济纳旗和陈巴尔虎旗）可以暂时实现保障其牧业人口的最低生活水平，但难以达到全面小康的水平，剩余的 22 个牧业旗县出现不同程度的牧业人口超载情况。也就是说，这 22 个旗县目前的草原资源已无法满足当地全部牧业人口的最低生活保障需求，更无法达到全面小康标准。可见，现阶段，锡林郭勒盟极易陷入"超载—生态环境恶化—（收益下降）贫困—再超载"的恶性循环的泥潭中。"超载—生态环境恶化—（收益下降）贫困—再超载"的恶性循环意味着锡林郭勒盟亟须通过城镇化的吸纳、引领和带动作用来实现初级牧业人口的转移，以缓解牧区草地生态环境的压力。1990 年前后，内蒙古自治区开始实施生态移民工程。近年来，锡林郭勒盟全盟共实现农村牧区人口 22.5 万人向周边城镇转移。随着国家精准扶贫战略的推进，仍有部分农牧民会向城镇转移。锡林郭勒盟城镇不仅承担着地区经济发展职能，来满足当地农牧民基本的生产、生活服务需求，更重要的是起到维护整个草原牧区生态环境的作用，促进牧区的可持续发展。

（三）城镇化的产业特征

锡林郭勒盟城镇的产业结构单一，产品附加值低，各旗县产业结构呈现趋同的特征。

锡林郭勒盟拥有广袤的草原资源和丰富的矿产资源。长期以来，锡林郭勒盟始终把畜牧业和矿产开采业作为拉动锡林郭勒盟经济的"两架马车"。各旗县政府通过大力发展资源密集型产业，形成了畜牧业、煤炭采掘、有色金属采掘等主导产业。这虽然给锡林郭勒盟经济发展带来了显而易见的成效，但是其产业结构单一，产业链短，产品附加值低，产业层次低，整体产业发展水平不高，使得与资源经济相关的上下游分工协作的产业链条没有形成，各旗县产业结构相似度高的特征始终未得到有效改善。此外，由于锡林郭勒盟下属旗县空间距离较远、经济规模不大、产业同构等原因，城镇空间联系强度普遍较弱，尚未形成明确的空间组织分工体系。这不仅导致各旗县之间存在竞争，还使得锡林郭勒盟经济呈板块性分布。

四、锡林郭勒盟城镇化分类情况

锡林郭勒盟城镇化的发展主要受到自然资源条件和人类活动的影响，表现出空间的差异性。因此，需要通过对锡林郭勒盟的自然环境、资源禀赋条件、人口和社会经济发展现状等城镇化发展条件进行分析和分类，从而明确不同类别地区城镇化的发展条件，进而因地制宜地研究、探讨和制定锡林郭勒盟城镇化的发展模式。

（一）城镇化分类指标体系选取

除了定性对城镇化过程中的地区差异性进行分析讨论以外，也可以通过寻找数据指标体系来定量分析其城镇化的差异性。由于两种分析各有自己的优势和不足之处，因而通过定性和定量相结合的方法来研究锡林郭勒盟城镇化可以得到更为客观可靠的结果。

锡林郭勒盟由于特殊的地理位置、人口分布、产业特征和民族文化，它的城镇化过程既有城镇化的普遍性，也有特殊性。因此，评价要素应该根据锡林郭勒盟的经济、资源条件等实际情况进行选择。在指标选取中应侧重关注锡林郭勒盟的经济发展情况、生态环境情况以及牧民生活保障情况。因此，在分析锡林郭勒盟城镇化发展差异条件时，依据指标选取的科学性、全面性和数据的可获得性等原则，选取了自然景观、资源禀赋情况、城镇化情况、产业发展情况、公共服务建设水平和牧民生活情况等6大类，共16个指标。其中，草原类型指标以定性分析来作为空间初始分级的基础性指标，不做定量分析。其他指标数据来源于2018年《锡林郭勒盟统计年鉴》和2018年《内蒙古统计年鉴》。

表4-1 锡林郭勒盟城镇化发展条件指标体系

指标类别	指标名称	指标依据
自然景观	草原类型	衡量不同类别生态系统情况
资源禀赋情况	口岸资源分布个数	衡量对外贸易条件
	A景区个数	衡量发展旅游业情况
	六月末草场载畜量	衡量发展畜牧业条件
城镇化情况	城镇化率	衡量城镇化发展水平
	每万平方公里乡镇个数	衡量城镇分布情况
	城镇人口密度	衡量城镇人口拥挤情况

（续　表）

指标类别	指标名称	指标依据
产业发展情况	第三产业比重 工业生产总值占生产总值比重 年末羊存栏数	衡量服务业水平 衡量工业化水平 衡量牧业发展水平
公共服务建议水平	每百平方千米公路长度 每万人中人均床位数量 每万人中中、小学数量	衡量交通便利水平 衡量医疗服务水平 衡量教育服务水平
牧民生活情况	人均可支配收入 每百户拥有家用汽车数 人均社会消费品总额	衡量收入水平 衡量经济发展水平 衡量消费能力

（二）聚类与结果分析

聚类分析是将变量按照它在性质上的相似程度进行分类。首先，对锡林郭勒盟9个旗县城镇化发展条件的数据指标进行标准化处理；其次，运用spss软件，采用Q型聚类的分析方法对研究区的9个旗县进行聚类分析，利用欧式距离，采用组间连接法得到聚谱系图；最后，根据树状分析图得出分类结果。

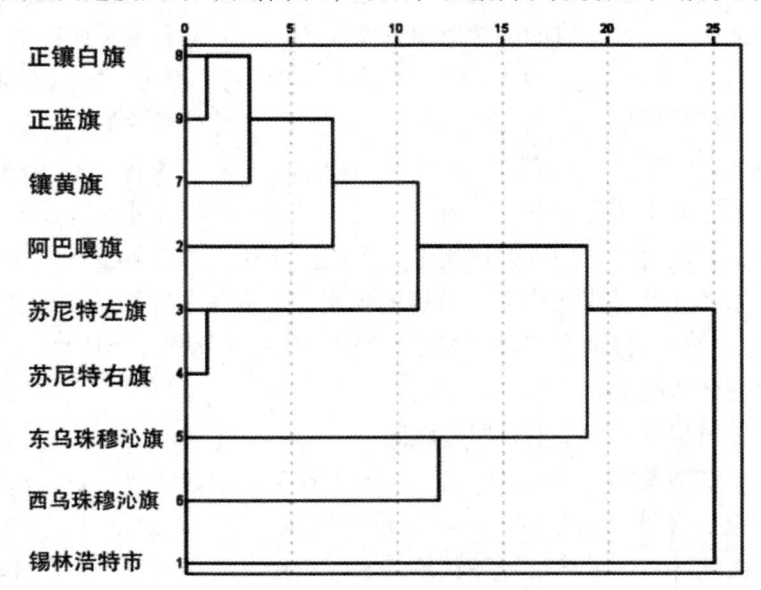

图4-1　锡林郭勒盟旗县聚类分析

根据图4-1所示，锡林郭勒盟旗县初步划分为5个类型区，即南部三个旗：正镶白旗、正蓝旗、镶黄旗；东部两个旗：东乌珠穆沁旗和西乌珠穆沁旗；西部的苏尼特右旗和苏尼特左旗；中部地区则由锡林浩特市和阿巴嘎旗组成。值得注意的是，由于锡林浩特市作为区域的经济、政治中心的特殊性，造成了中部地区的阿巴嘎旗和锡林浩特市被分为了两类。但是，由于阿巴嘎旗旗政府所在地在空间上距离锡林浩特市较近，因而两地间的社会经济交往密切。在实地考察中，锡林浩特市对阿巴嘎旗当地居民的生产生活具有十分重要的作用，虹吸效应十分明显。可以认为，锡林浩特市对阿巴嘎旗城镇发展有巨大的影响作用。因此，结合锡林郭勒盟社会经济发展现实背景，这里将阿巴嘎旗和锡林浩特市划分为一类。最终，确定将锡林郭勒盟旗县划分为4种类型，即东部典型草原区：东乌珠穆沁旗和西乌珠穆沁旗；中部典型草原--荒漠草原过渡区：阿巴嘎旗和锡林浩特市；西部荒漠草原区：苏尼特右旗和苏尼特左旗；南部农牧交错区：正镶白旗、正蓝旗、镶黄旗。

（三）城镇化的分类特征

1. 东部典型草原区

东部典型草原区是锡林郭勒盟面积最广阔的典型草原地区，也是牧草产量最高的地区之一。丰富的天然草原资源优势使得东部典型草原区成为锡林郭勒盟畜牧业生产基地。2021年末，该地区羊的存栏数量占到全盟牧区的40.829%，其养殖的乌珠穆沁羊品质优良，素有"天下第一羊"的美誉，得到了市场的广泛认可。东部典型草原区面积十分广阔，区划面积有64975平方千米，乡镇苏木数量仅有2.15个/万平方千米。旗所在地与各苏木乡镇的距离较远，县城对苏木的辐射作用十分薄弱。此外，东部典型草原区矿产资源十分丰富，尤其是煤炭资源，该区的煤炭产量占整个牧区产量的49.85%。矿产资源开发成为推动东部典型草原区城镇化的主要动力，但同时也带来了严重的生态环境问题。

2. 中部典型草原—荒漠草原过渡区

该区域基础设施完备，已经初步形成了相对完善的产业体系，是锡林郭勒盟的社会、经济和政治的核心区。该地区城镇化率达到了85.45%，远高于其他三类地区。区域内部分城镇第二、三产业发展相对良好，产业结构中第二、三产业比例占明显优势，就业吸纳能力较强。该区域是锡林郭勒盟经济发展的重要引擎。此外，作为区域中心地区，该区域以锡林浩特市为主的城镇基础设施和服务设施水平较高，承担着整个锡林郭勒盟的教育、医疗和交通等服务功能。可以说，作为区域经济、政治和服务高地，该区域对于锡林郭勒盟的经济发展、生态环境保护和社会和谐发展起到了至关重要的引领和支撑作用。

3. 西部荒漠草原区

该区域生态环境极端脆弱，自然景观主要以荒漠草原为主，草原退化沙化严重，草场承载力低，荒漠化问题成为限制该地区经济和城镇发展的重要因素之一。该区域旗县人口规模小，人口分布稀疏，人口规模在四个区域里是最小的。因此，该区域劳动力转出压力并不大。此外，该区域紧邻我国著名口岸城市——二连浩特市。二连浩特市是中国通往内蒙古、俄罗斯和东欧各国的大陆桥，是内蒙古自治区计划单列市。2017年，二连浩特进出口贸易总额占锡林郭勒盟进出口贸易总额的68.10%，货物量占91.64%。作为边境小镇，二连浩特市颇具异域风情，吸引了大量外地旅客来此旅游，也吸引了许多外商前来考察，刺激了当地第三产业的发展，对当地和地区周边经济发展的推动作用十分明显。2021年末，二连浩特市社会消费品零售总额为22.77亿元，社会消费品零售总额占全盟的13.80%，排在全盟的第2位。因此，西部荒漠草原区的城镇化可以主动借助紧邻口岸城市的优势条件，依托口岸的优势，发展劳动密集型产业，加快人口向城镇转移，减轻草原压力，促进城镇化发展。

4. 南部农牧交错区

该区域位于内蒙古的东南缘，属于农牧交错带，主要以牧业为主。该区域县域面积相对狭小，城镇密度和人口密度远远高于其他地区，交通网络发达，毗邻京津冀城市群。该区域也是进入锡林郭勒大草原的重要交通节点，地理区位优势明显。同时，该地区旅游资源丰富，有著名的世界文化遗产元上都遗址等著名景点以及历史悠久的察哈尔文化。有利的交通区位和丰富的旅游资源使得该区域的旅游业发展较好，促进了当地的住宿和餐饮等服务业的发展，吸引就业能力较强。此外，该区域人均草场面积小，使得更多的牧民放弃牧区生活，选择到城镇创业和就业，扩大了城镇的人口规模。总之，该地区依托旅游业的发展带动了上下游产业的发展，市场发育相对其他地区较为完善。由于接近农牧交错带并位于交通节点上，可能更容易受商业文化的影响，牧民的经商氛围也比其他地区浓厚。因此，该地区围绕草原资源发展旅游业有着巨大的潜力。

第三节　锡林郭勒盟城镇化的发展模式

一、文化提升模式

中东部地区的锡林浩特市、阿巴嘎旗、西乌珠穆沁旗、东乌珠穆沁旗和乌拉盖管理区，水资源禀赋较好，较为丰富，新型城镇化水平总体较高，生态不敏感或轻度敏感，工业化基础较好，实施依托"畜牧业—新型工业—旅游业"的文化提升模式。锡林郭勒盟城镇化文化提升模式如表4-2所示。

表4-2　锡林郭勒盟城镇化文化提升模式

旗、市、区	模式基底							相应模式	依托产业	突出新型城镇化内涵
	水资源禀赋	新型城镇化水平	生态敏感程度	工业化基础	区域人口密度				
锡林浩特市、阿巴嘎旗、东乌珠穆沁旗、西乌珠穆沁旗、乌拉盖管理区	水资源禀赋较好，受水资源制约较小	较高	不敏感、轻度敏感	产业基地分布较为广泛	4.59人/平方千米		文化提升模式	畜牧业、新型工业、旅游业	少数民族地域独特的蒙元文化

（一）畜牧业

有学者在调研期间得知，农牧民们普遍反映羊肉价格较低，羊肉价格不稳定对于锡林郭勒盟的畜牧业发展产生了较大的影响。羊肉价格不稳定主要是受市场供需矛盾、牧民惜售心理、羊内脏产品价格下降、进口羊肉数量逐年增多等多方面因素的综合影响，并且畜牧业集约化水平不高，缺乏行业协会的协调，行业信息严重不对称。今后应大力发展畜产品深加工，延伸畜牧业产业链，引导牧民合作经营。目前，锡林郭勒盟整体缺乏知名度较高的自主畜产品品牌，应着力打造国内畜产品生产、加工、销售一体化的龙头示范性企业，充分发挥品牌示范效应。

（二）新型工业

今后，中东部地区要在对锡林郭勒盟国家自然保护区实行严格保护、确保生态安全的基础上促进新型工业化大力发展；重点支持锡林郭勒盟经济开发区、白音华能源化工基地、阿巴嘎旗德力格尔能源化工基地等产业园区以及乌里雅思太镇和巴音胡硕镇的发展，使其成为引领锡林郭勒盟东部发展的核心城镇；充分发挥、发展煤水组合优势，加快有色金属资源整合步伐，培育壮大优势特色产业，建立符合可持续发展的现代循环经济功能区；依托资源、口岸优势，培育和建设煤电开发、煤化工、氯碱化工、有色金属采选冶炼加工等产业。

（三）旅游业

以锡林浩特市为中心，以优化城镇体系结构、提高城镇质量、完善城镇功能为主导，集中力量扩大和提高锡林浩特市的规模等级和经济辐射影响区域范围，依靠便捷的交通，着力打造中国马都核心区、天堂草原锡林郭勒、天边草原乌拉盖等国际旅游品牌，提升地区综合旅游竞争力。加大对传统游牧文化的保护，大力发展草原风光游览，建设以中国马都为核心的蒙元文化体验旅游基地，着力打造锡林浩特市—乌拉盖管理区旅游经济发展轴带，发展壮大区域增长极。

文化提升模式是今后上述旗、市、区新型城镇化进程中的核心战略，体现今后锡林郭勒盟新型城镇化的文化内涵，也是区别于农区城镇化的根本标志之一。

表4-3 锡林郭勒盟旗、市、区水资源情况

排名	旗、市、区	地表水资源量（万立方米）		地下水资源量（万立方米）		水资源总量（万立方米）
		多年平均径流量	山丘区地下水资源总量	平原区地下水资源总量	地下水资源总量	地下水可开采量	
1	东乌珠穆沁旗	32513	26378.83	78178.50	89756.72	56413.05	101170.84
2	西乌珠穆沁旗	19366	12478.92	34576.56	39356.45	24132.63	49194.01
3	阿巴嘎旗	22	7495.52	43279.94	43511.21	19518.90	43517.51
4	正蓝旗	4979	3397.74	29066.74	31044.37	13687.78	33390.40
5	锡林浩特市	2305	3344.55	22919.66	22968.63	14601.75	23935.81
6	苏尼特左旗	0	8333.21	20487.13	23819.35	9712.07	23819.35

（续表）

排名	旗、市、区	地表水资源量（万立方米）			地下水资源量（万立方米）		水资源总量（万立方米）
		多年平均径流量	山丘区地下水资源总量	平原区地下水资源总量	地下水资源总量	地下水可开采量	
7	苏尼特右旗	0	1185.08	16154.02	16525.10	7476.29	16525.10
8	正镶白旗	66	1742.69	15670.23	15380.24	6511.39	15408.05
9	镶黄旗	0	3339.58	2567.89	5097.31	2363.92	5097.31

二、生态优化模式

西部地区的苏尼特左旗与苏尼特右旗受水资源的制约较强，均无多年地表径流，新型城镇化水平分别位于10个旗、市、区的第7、8位，生态轻度敏感及中度敏感，荒漠化较为严重，区域人口密度较低，因而实施依托"边境贸易—交通产业"的生态优化模式。锡林郭勒盟旗、市、区水资源情况如表4-3所示，苏尼特左旗、苏尼特右旗生态化模式如表4-4所示。

表4-4 苏尼特左旗、苏尼特右旗生态优化模式

旗、市、区	模式基底					相应模式	依托产业	突出新型城镇化内涵
	水资源禀赋	新型城镇化水平	生态敏感程度	工业化基础	区域人口密度			
苏尼特左旗、苏尼特右旗	水资源禀赋一般，受水资源制约较大	一般	轻度敏感、中度敏感	产业基地未广泛分布	1.85人/平方千米	生态优化模式	边境贸易、交通产业	经济、社会、资源和生态环境协调发展

（一）边境贸易

西部地区两个旗距离中蒙边境口岸二连浩特较近，受其辐射影响较强。苏尼特左旗第三产业占三类产业的50.32%，居锡林郭勒盟10个旗、市、区的首位，现有第三产业基础较好。以口岸经济为支撑，辐射苏尼特左旗、苏尼特右旗全境，不断拓展对蒙合作的领域和深度，共同打造国家级边境经济功能区，集中力量建设二连浩特市边境经济合作区。

（二）交通产业

交通基础设施建设是今后锡林郭勒盟新型城镇化进程中的重点，由于地广人稀、城镇间距离较远，少数人认为出行的经济成本和时间成本比较低，近一半人认为出行的经济成本和时间成本适中，一部分人认为出行的经济成本和时间成本比较高，极少数人认为出行的经济成本和时间成本非常高。因此，依托二广高速、208 国道和集二铁路，构建二连浩特边境经济合作区—赛罕塔拉—朱日和等城镇和产业基地以及向南与乌兰察布市对接的南北向城镇产业发展带。依托二连浩特市—锡林浩特市的公路快速通道和规划建设中的铁路，培育二连浩特—满都拉图—锡林浩特发展带。积极发展城镇分区中心城镇赛罕塔拉镇和满都拉图镇，通过产业引导、提供优惠政策，牧民从生态脆弱的地区全面向赛罕塔拉、满都拉图等城镇转移和集中，增强中心城镇综合经济实力及对该区域的辐射影响能力。

上述两个旗以"边境贸易—交通产业"为依托，加大对生态环境的治理，防止草原荒漠化加剧，着力改善锡林郭勒盟西部地区生态和生活环境。因此，生态优化模式体现了今后锡林郭勒盟新型城镇化经济、社会、资源和生态环境协调发展的内涵。

三、低碳循环模式

南部地区的正蓝旗、正镶白旗和镶黄旗三个旗属于农牧交错地带，生态轻度敏感及中度敏感，新型城镇化水平镶黄旗较好，在锡林郭勒盟地区排名第二位，正蓝旗和正镶白旗分居最后两位。镶黄旗和正镶白旗的发展受水资源的制约较大，正蓝旗水资源和现有工业化基础较好，区域人口密度较高，因而实施依托"劳动密集型产业—交通产业—新型工业"的低碳循环模式。正蓝旗、正镶白旗、镶黄旗低碳循环如表 4-5 所示。

表4-5 正蓝旗、正镶白旗、镶黄旗低碳循环模式

旗、市、区	模式基底							依托产业	突出新型城镇化内涵
	水资源禀赋	新型城镇化水平	生态敏感程度	工业化基础	区域人口密度	相应模式		
正蓝旗、正镶白旗、镶黄旗	水资源禀赋交叉，受水资源制约较大	较低	轻度敏感、中度敏感	产业基地个别分布	9.23人/平方千米	低碳循环模式	劳动密集型产业、交通产业、新型工业	绿色、节能减排、低碳、发展循环经济

（一）劳动密集型产业

上述三个旗县紧邻锡林郭勒盟两个人口最多的农业旗县——太卜寺旗和多伦县。从空间区位上看，这一地区与河北、北京邻近，区域联系相对便捷，是锡林郭勒盟融入首都经济区的主要区域。因此，在今后锡林郭勒盟新型城镇化进程中，要充分发挥人力资源优势，加强与北京市、天津市及河北省的承德市、张家口市等的联系，积极承接外来产业转移，着重发挥人力资源优势，大力发展劳动密集型产业。

（二）交通产业

积极发展和培育304省道沿线的上都、哈毕日嘎、明安图等城镇组成的城镇聚合轴和沿207国道的宝昌、桑根达来等城镇组成的城镇集合轴，加强区域城镇建设的分工与协作。笔者在正蓝旗调研期间得知，当地部分居民与公职人员对于旗政府等行政部门迁往桑根达来镇具有一定的意向与共识。桑根达来镇作为支线铁路与公路枢纽的优势与作用未得到充分发挥。若桑根达来镇作为旗政府所在地，将引导农牧民及南部农区人口向其合理集中，对于培育正蓝旗乃至南部牧区旗县的区域增长具有较大的促进作用。

（三）新型工业

锡林郭勒盟旗、市、区的单位GDP能耗中，第一位正蓝旗（5.0172吨标准煤/万元）是第二位西乌珠穆沁旗（1.0407吨标准煤/万元）的4.82倍，

而锡林郭勒盟全盟单位 GDP 能耗仅为 0.9970 吨标准煤/万元，可见正蓝旗对于能源消耗过大。因此，在今后新型城镇化进程中，应以新型工业为支撑，限制发展高能耗、高污染的产业类型；建设以煤化工及其产品为原料的新型工业加工基地，突出发展以电力、冶金和建材加工为主的正蓝旗新型工业基地和以明安图镇为中心的农产品加工基地，以工促农，依托工业优势反哺农牧业，大力发展循环经济；通过产业引导和政策优惠，引导农牧民有序地从生态脆弱的中部、北部沙区逐步向中心城镇和重点镇集中转移。

四、综合服务模式

据调查，对移居城镇的牧民来说，由于不适应城镇生活、就业层次普遍低、收入低或无稳定收入等多种原因，导致在融入城镇社会的过程中有着"过客"心态，对城镇的归属感不强，融入不彻底。此外，牧民进城定居的主要原因是子女上学和寻找更多的就业机会。因此，在城镇化进程中，城镇要努力做好接纳移居城镇牧民的工作，尤其是在商业、教育、交通等职能都较为完备的城市或城镇，通常是市域中心城市或县域中心城镇，形成职能较为完备的综合服务型城镇，从而提高牧民的获得感和幸福感，使牧民早日适应城镇生活，加快进城牧民从"牧民"到"市民"的角色转变。

在建设综合服务型城镇的过程中，首先，为提高城镇服务的质量、服务的效率以及服务的针对性，政府部门应该做好前期的调研准备工作，全面了解进城牧民的需求和夙愿。从目前的实地调查情况来看，东部因子女上学而进城的牧民比重较大，所以东部地区的政府部门在增设寄宿制学校、扩大寄宿制学校规模、缩短就学的通勤时间等方面要做更多的工作，对一些低龄就学儿童提供适当的补助，缓解其父母进城陪读而引起家庭收入下降的情况，减少贫困的发生；中部、西部以及南部的牧民因寻求更多的就业机会进城的比例较高。因此，中部、西部和南部牧区的职能部门需要在牧民的职业技能培训、扩充就业岗位、拓宽就业渠道等方面作出更大的努力。对打算自主创业的牧民，尤其是牧民自主创业比例较高的南部地区，由于人口数量较多且分布相对集中，政府应充分挖掘和激发南部地区的市场潜力，加快促进人口向中心城镇集聚的步伐，快速扩大市场规模，优化和改善当地的营商环境和创业条件，培育出自己的发展能力和新的经济增长极。同时，为自主创业的牧民提供适当的市场信息、金融和风险评估等相关服务。这样一来，通过高效的有针对性的服务布局，使牧民早日适应城镇生活。

其次，缺少社会保障和收入过低是影响牧民城镇生活品质的重要原因。因此，在政策设计上，锡林郭勒盟要推动城乡社会保障一体化。虽然锡林郭勒盟面积广阔，人口稀疏且分散，一些苏木乡镇或嘎查村距离地级和县级中心城市较远，加上原本地方财政实力有限、专业技术人员不足等，限制了医疗、教育等公共服务业对牧区的覆盖。但不管怎么说，没有城乡一体的社会保障机制，牧民生活融入城镇生活的目标便不容易实现，牧民心理上的落差始终存在。因此，现阶段政府部门首先要保障公共服务的平等化，尤其要保障教育和医疗等关系民生的公共服务的平等化。只有公共服务业实现区域之间、城乡之间的协同发展，才能缩小进城牧民的生活成本，从而利于城镇化水平的提高，避免出现"半城镇化"现象。

最后，城镇化发展也要为消费性服务业创造有利条件。消费性服务业是典型的劳动力密集型产业，对促进人口城镇化有着巨大的推动作用。同时，消费性服务业的发展既能满足进城牧民的物质需求，也能满足他们的精神需求，促使他们早日适应和融入城镇生活。因此，应在城镇化进程中降低消费性服务业在小城市、城镇的落地门槛。这样一来，才能为消费性服务业在小城市、城镇的发展提供机会，解决进城牧民就业难等问题。

综合来看，就目前而言，锡林郭勒盟的综合服务型城镇并不多，各旗域中心城镇只能满足当地群众基本的生产和生活资料需求以及有针对性地提高相关的政策和服务保障。选择综合服务型发展模式的城镇应以各旗县市中心城镇为首选，作为一个地区的政治、经济中心，在打造综合服务型城镇上具有更多的资金优势、市场优势和成本优势。

第四节 锡林郭勒盟土地利用分析

一、锡林郭勒盟土地利用数据分析

锡林郭勒盟土地利用是指当地人有目的地开发利用土地资源的一切活动，对于土地利用变化的分析是希望通过长时间序列在相同空间范围内对于特定类型或特定区域的土地使用情况变化进行分析，从而判断该区域或该类型土地变化的规律，进而分析当地人生产生活和环境的变化对于土地利用的影响。

第四章　锡林郭勒盟城镇化发展与土地利用分析

锡林郭勒盟土地以 Landsat TM/ETM/OLI 遥感影像为主要数据源，经过影像融合、几何校正、图像增强与拼接等处理后，通过人机交互目视解译的方法，将土地利用类型划分为 6 个一级类、25 个二级类，以及部分三级类。

锡林郭勒盟土地面积 20.258 万平方千米。其中，农用地 18.314577 万平方千米，占土地总面积的 91.62%；建设用地 1134.607 平方千米，占土地总面积的 0.57%；未利用地 1.560314 平方千米，占土地总面积的 7.81%。农用地中，耕地 2413.29078 平方千米，占土地总面积的 1.2%；园地 3.7588 平方千米、林地 6191.7937 平方千米，占土地总面积的 3.1%；牧草地 17.394451 平方千米，占土地总面积的 87.02%；其他农用地 5.924195 平方千米，占土地总面积的 0.3%。建设用地中，城市用地 1.002265 平方千米，占土地总面积的 0.05%；建制镇 116.3675 平方千米，占土地总面积的 0.06%；农村居民点 360.0219 平方千米，占土地总面积的 0.18%；独立工矿用地 197.6028 平方千米，占土地总面积的 0.09%；交通水利用地 343.5289 平方千米，占土地总面积的 0.17%。其他建设用地 16.859 平方千米，占土地总面积的 0.01%。

二、土地利用分类体系

土地利用分类的地域单元，反映土地的经济特点，表现为具有不同特点的土地利用方式。它不同于土地类型，后者是一个地域各种自然要素相互作用的自然综合体，反映土地的自然状态特点的差异性。而土地利用类型的划定不是单纯为了认识利用现状的地域差异，更主要的是为了评定土地的生产力。土地利用的详细分类如表 4-6 所示。

表4-6　土地利用分类

一级分类		二级分类	
编号	名称	编号	名称
1	耕地	11	水田
		12	旱地
2	林地	21	有林地
		22	灌木林地
		23	疏林地
		24	其他林地

（续　表）

一级分类		二级分类	
编号	名称	编号	名称
3	草地	31	高覆盖度草地
		32	中覆盖度草地
		33	低覆盖度草地
4	水域	41	河渠
		42	湖泊
		43	水库、坑塘
		44	冰川永久积雪
		45	海涂
		46	滩地
5	城乡、工矿居民用地	51	城镇
		52	农村居民点
		53	公交建设用地
6	未利用土地	61	沙地
		62	戈壁
		63	盐碱地
		64	沼泽地
		65	裸土地
		66	裸岩石砾地
		67	其他未利用地

三、锡林郭勒盟土地利用变化的环境效应——以多伦县蔡木山乡为例

内蒙古自治区多伦县蔡木山乡是中国农牧交错带的典型地区之一，位于中国东亚季风区与干旱半干旱气候的过渡区，降水极不稳定。因此，农牧业生产活动也很不稳定。总的来说，目前蔡木山乡面临的主要问题是生态环境恶化（包括土地退化）、生产力下降和经济文化落后等，其中土地沙漠化（土地退化的类型之一）是最突出的表现。造成土地沙漠化的主要原因是土地利用方式的不合理及因此而产生的不良后果。因此，应分析对比这一地区

不同阶段的土地利用方式，思考这种土地利用变化产生的生态环境效应，找出问题及其产生原因，并思考对策，以实现该地区的可持续发展，从而服务于环境问题的解决，促进当地经济的发展。

（一）蔡木山乡概况

蔡木山乡位于内蒙古自治区锡林郭勒盟多伦县北部，东与大河口乡为邻，南与淖尔镇毗邻，西与蓝旗和五一交界，北与克旗和机械林场接壤。全乡总面积 522.687 平方千米，人口主要集中分布在南部，北部地域广阔。全县地处浑善达克沙地南缘，是中国北方农牧交错带典型的农牧结合经济类型区。

蔡木山乡气候属中温带半干旱向半湿润过渡的大陆性气候，降水变率大，年平均降水量 385.5 毫米。境内水资源丰富，多为季节性河流。南部石料、矿藏等资源丰富，北部有丰富的草牧场资源和森林旅游资源。蔡木山乡是蒙汉文化交融之地，其民俗特别，是蒙古族人民敬仰的藏传佛教圣地之一。

（二）土地利用结构特点

蔡木山乡的土地利用特点体现为以牧草地的利用方式为主，未开发利用地的面积较大，盐碱地在全乡面积中所占比例也较大，土地退化等现象严重。

1. 土地利用类型多样

蔡木山乡目前的土地利用类型主要有 5 种。牧草地占到了全乡土地总面积的 77.60%；盐碱地占全乡总面积的 12.4%；裸土地占全乡总面积的 5.28%；旱地占全乡总面积的 4.62%；居住用地仅占全乡总面积的 0.06%；湖泊面积更加缺乏，仅占全乡总面积的 0.03%。综合来看，牧草地和盐碱地在土地利用中所占比例最大，湖泊和建制镇的面积均不足 1%，而未利用土地所占比例高达 5.28%。

2. 土地利用结构较不合理

该乡虽然土地利用类型多样，天然牧草地占全乡总面积的 64.78%，但耕地所在区域由于位于季风气候区，降水较少且年际、季节变化大，加之地势平坦便于降水汇集，使地下水位迅速上升，在少植被覆盖、大风的自然条件下，土地次生盐碱化现象日趋严重。居住地、交通工矿用地面积小，产业结构单一，以初级产品为主，利润空间小，资源生产开发利用效率低，且在资源利用中对环境保护的重要性认识不足，不利于经济的可持续发展。

3. 土地质量较差且部分地区土地退化现象严重

由于水土流失、土地退化、土地沙化现象日趋严重，尚未得到良好的控制，且对土地重用轻养、施用有机肥过低，使本就相对贫瘠的土地养分更少，地力普遍下降。不合理的化肥和农药施用也会造成土壤污染，大部分化肥、农药散失在土壤、水体和大气中，直接、间接地污染土壤，进而使动植物和各种农产品中有大量毒物积累，危害人、畜健康，影响农产品的食用与销售。

（三）土地利用变化程度

蔡木山乡土地利用率较高，但是近年来呈下降趋势；土地垦殖率和土地建设利用率低于全国平均水平且未发生明显变化。这表明该乡土地总体利用程度居全国中等以下水平，受人类活动影响较小。

（四）生态环境效应分析

生态环境主要包括自然生态环境、农业生态环境和城市生态环境三大部分。其中，自然生态环境是基础，是主要部分，包括森林草原、荒漠海洋、陆地水生、湿地生态系统等。自然生态环境具有整体性、区域性、开放性的特征，土地利用的变化将导致生态环境发生巨大的变化。基于对蔡木山乡的调查研究发现，其土地利用变化主要是其他牧草地向盐碱地和未利用地转化，带来的生态环境效果主要体现在以下几个方面。

1. 气候改变

蔡木山乡的牧草地的面积减少，盐碱地的面积扩大，即土地的植被覆盖率发生了变化，导致到达地面的太阳辐射易被反射，使得更多的热量返回到大气中，对流层上部增温，大气的稳定性增强，从而使对流雨减少。同时，覆被的减少会导致土壤水分的流失加快，影响降水量、土壤质量、空气湿度及气温日较差、年较差的变化，一定程度上还会引起沙尘天气的增多。

2. 水环境的变化

（1）水量的变化

蔡木山乡的土地利用变化虽小，但对水量的需求却较大。大量的牲畜养

第四章 锡林郭勒盟城镇化发展与土地利用分析

殖不但破坏草场质量和范围，也增加了对水的需求。对于草地而言，管理不当和过度放牧会引起土壤板结，使得地下水与地表水的物质和能量交换减少，严重影响区域水量。水资源短缺不仅严重影响牧民和居民的日常生活，还威胁工农业生产，甚至造成河水断流等严重的生态环境问题。

（2）对水质的影响

蔡木山乡过度放牧不仅会对水量产生威胁，水质也会受到影响。具体表现为区域牲畜量的增加，当超过区域合理容量，动植物的残体得不到完全分解，进而招致细菌繁殖，破坏水质、空气、土壤等。另外，动物的排泄物直接影响水质，并且由于动物对水域周围的践踏比较频繁，会导致水域周围的土地比其他地区先退化，植被数量和质量的减少会造成河流沉积物的增加。这些沉积物破坏了河底水生生物的生态环境，进而造成河流水质下降，最终影响水质。与此同时，由于水量的减少，水的自净能力下降，也会影响水质。

（3）对水资源空间分布的影响

草地变化对水分的影响取决于对草地的管理，不适当的管理和过度放牧将引起植被的减少和土壤的板结，使得地下水的供应减少，这会严重地影响靠地下水补给的河流的水量。蔡木山乡最主要的土地利用类型是草地，草地向盐碱地和未利用地的转化，也会对该区域的水分循环、水资源的空间分布造成影响。

3. 对土壤环境的影响

从土地利用类型的转变上看，牧草地减少、盐碱地增加；从植被覆盖率上看，植被覆盖率降低；从载畜量上看，载畜量减少。城镇面积虽未发生变化，但人口的增加使得生活垃圾增加，进而导致土壤污染。对于粮食的迫切需求会导致大量化肥、农药的使用，加剧了该乡的土壤污染。过度放牧、过度樵采等不合理的土地利用还会导致土壤侵蚀和土地沙化现象加剧，进而加重土地退化，降低土壤肥力。

4. 对生态系统的影响

（1）生物群落水平上的影响

土地利用变化会造成地表养分与水汽通道的改变，这一改变使得自然群落的发展演替过程受到极大的干扰和破坏。再加上人类乱垦牧草地和滥挖天然中草药，导致生物多样性的减少和植被群落的变化，也影响了土地质量。

（2）生态系统水平上的影响

蔡木山乡本就位于农牧交错带，受气候季节波动及土地利用变化的影响，常常引起自然环境要素及组成发生改变，进而对生态系统初级生产力产生影响。

（3）景观水平上的影响

土地利用的变化会导致景观类型、结构及其功能发生改变，从而引发环境质量下降、边缘效应增强、土地退化和生态系统成分单调等景观生态效应。蔡木山乡从景观变化上来说是荒漠化加剧，具体表现为牧草地数量的减少、盐碱地的增加等。

第五节 锡林郭勒盟土地利用对策

一、继续执行国家退牧还草政策

退牧还草是一项内容复杂、技术和政策性强、涉及面广的重大生态工程。可以通过禁牧、休牧和划区轮牧等方法退牧还草。禁牧是退化草地和生态脆弱区在一定时间内禁止放牧的草地管理方法；休牧主要是指在每年牧草返青期和结实期停止放牧，使牧草得以充分生长发育，度过生长期，提高草地产量，防止牧草退化的措施，除休牧外的其他时间仍可以放牧或打草；划区轮牧是将草地按一定的地貌单元进行分区，并人为控制其放牧强度的草地管理方法，此方法适合各种类型的草地，不受季节和时间的限制。各国经验表明，按照牧草生长发育规律，实行合理的划区轮牧制度是迄今为止最合理、最科学、最有效的放牧制度。研究表明，划区轮牧可提高20%的载畜量，能增产30%的畜产品。

随着锡林郭勒盟人口不断增长、经济不断发展，再加上畜牧动物一年四季在草地上采食和践踏，作为研究区主要土地类型的草地质量不断下降。草地退化不仅会导致土地沙化、土地盐碱化、自然灾害等一系列的环境问题，还会影响到畜牧业生产、经济发展及人们的生活水平。因此，控制放牧强度、缓解草畜矛盾是解决草地严重退化问题的关键一步。要想做到合理利用草地，防止超载过牧，我们不仅要合理布局水源和居民点，开辟缺水草场，还要控制退化草地的利用强度。一方面，采取适合于研究区的退牧还草措施，减少草地退化、沙化和盐碱化；另一方面，控制在已退化草地上的放牧、开垦等行为，减少对退化草地的利用，对不同类型的退化草场采用相应的防治和改良措施。例如，有计划地进行围栏封育、人工种草种树等。

二、控制人口增长，减轻土地资源压力，缓解人地矛盾

通过对驱动因素的分析我们可以看出，人口因素是影响研究区土地利用变化的重要要素之一。随着人口的增长，耕地、居民地及工矿用地不断扩展，而草地面积不断缩小，草地退化、土地沙化情况日益加重。近几年，人口增长速度虽然慢了下来，但随着人口数量的增长，人们对生活用品的需求量也相应增加，加大了对土地资源的压力。为了维持土地资源与人口的平衡，既要控制人口增长，又要珍惜和保护土地资源，提高土地利用率。控制人口数量、提高人口素质是我国的一项基本国策。因此，通过控制人口增长，深入开展宣传教育，增加全民合理利用土地、保护环境的意识，可以调整土地利用结构，减小土地资源压力，控制乱开垦和盲目的建设行为。

三、处理好经济发展与土地资源可持续利用的关系

通过对驱动因素的分析可知，经济发展、产业结构变化是影响土地利用变化的重要因素之一。随着第二、三产业的迅速发展，居民地及工矿用地面积不断增长，而耕地和未利用土地面积不断减少。但是土地资源是有限的，不能无限地扩大建筑面积而减少草地或其他地类面积，因而在处理经济发展和保护土地资源的矛盾时，既不能为保护草地和其他地类而忽视经济发展对建设用地的需求，也不能为了促进经济发展而盲目地将草地或其他地类转化为建设用地，应该和谐处理两者的关系。

必须坚持以土地资源可持续利用为根本出发点，正确处理土地利用与人口增长、城镇化、经济发展的关系，坚持经济社会发展与土地资源的承载能力相协调，坚持土地开发、利用、整治、保护相结合，实现土地利用社会效益、经济效益、生态效益的统一。

四、加强宣传教育，提高全民意识

人类是自然界诸多因素中最活跃的因素，所以实施土地利用可持续发展，人类活动是最重要的因素。由于民众的环保意识不强，只重经济利益而轻环保，对土地的合理利用没有深入的了解，过度开垦、超载放牧等行为频

发，导致了草地退化、土地沙化、土地盐碱化等一系列环境问题，因而不仅要控制人口，还要提高牧民自身素质，应大力宣传环保法律知识和环保科普常识，不断提高各级领导、企业法人代表以及民众的环境保护意识，使环境保护意识深入人心，形成全社会关心环境、保护环境的良好氛围。人口素质的高低直接影响其认识水平和劳动技能水平，政府通过经济手段，实行各种诱导措施，使农牧民在追求自身利益的同时自觉地配合国家实现整体利益。

五、科学制订土地利用总体规划，优化土地利用结构

土地利用总体规划是资源优化配置的重要手段，是一个地区在经济发展中对土地在时间和空间上的合理部署，是在土地利用过程中具有指导性、权威性和法律性的文件，社会经济的发展与土地利用以及生态安全密切相关。因此，亟须通过新一轮的土地利用总体规划修编加强对锡林郭勒盟用地总量和整体布局的控制。

根据锡林郭勒盟土地利用方面存在的问题和社会经济发展的实际情况，为了更好地实现土地资源的持续利用，最大限度地提高锡林郭勒盟土地利用的效益，需要进行土地利用结构调整。根据土地利用变化预测分析，耕地减少、建设用地增加的趋势会持续至2027年。通过土地利用总体规划，在严格控制建设用地和耕地的原则下对其合理安排。这既为研究区社会经济的发展提供用地保障，又减少了乱占乱用草地，促进土地的进一步合理利用。林地和草地面积呈增加趋势，但增加幅度不是很大，通过土地利用总体规划，继续较大幅度地增加草地面积，提高草地质量，稳定增加林地面积，继续做好研究区生态退耕还林还草工作，提高绿地覆盖率，为锡林郭勒盟生态安全提供条件。随着研究区土地利用的动态变化，未利用地和水域面积也在逐步减少。经预测发现，按当前的发展趋势，在未来的20年，水域面积所占比例将持续减少。通过土地利用总体规划，在对土地利用结构合理调整的前提下，提高人们节约用水意识。节约用水不仅可以缓解水资源短缺，也是减轻污染的根本措施，同时还是草原生态环境保护与建设的基本要求。有效控制工业污染向牧区蔓延，确保牧区人畜饮水安全，既要保证各行业的用水量，又要保护湖泊等地表水体。锡林郭勒盟未利用土地占总土地面积仅次于草地，因而需要提高未利用土地的利用率和经济效益，对沙地、盐碱地等未利用土地进行谨慎和适度的开发。

第四章 锡林郭勒盟城镇化发展与土地利用分析

科学制订土地利用总体规划,不仅要在数量上实现土地的持续利用,还要在质量和效率上实现土地的持续利用,防止片面追求土地的高强度开发。合理开发潜力土地,开发的同时注意保护自然环境和人文景观,实现人与自然的和谐发展。

第五章 内蒙古城镇化发展路径研究

第一节 内蒙古城镇化发展的制约因素

一、生态环境制约新型城镇化发展

内蒙古生态环境本身就比较脆弱，再加上当地在城镇化推进过程中，在土地、水资源利用方面都有过一些滥用、浪费、违背规律的做法，使得内蒙古总体生态环境十分脆弱，制约着新型城镇化的发展。

第一，水资源匮乏。内蒙古属于温带大陆性气候，降水少，干燥，蒸发快，降水季节性变化大，降水时空分布不均匀，东部多、西部少。这种自然条件使得农业生产很不稳定，甚至很多时候人畜饮水都很困难，水资源匮乏的现状严重制约着内蒙古新型城镇化发展。

第二，土地荒漠化不断扩大，水土流失越发严重。虽然近几年内蒙古展开了以防沙治沙为主的水土保持治理工作，并取得了一定成效，但是受经济利益驱使，人们"重建设，轻保护"，仍存在大量破坏水土资源的行为，很多地方的治理速度远远不及土地荒漠化、水土流失的速度。

第三，耕地盐渍化、草场退化等情况严重。滥垦滥伐、超载放牧等一系列行为都导致了耕地盐渍化、草场退化，不仅影响了畜牧业的发展，也阻碍了新型城镇化发展。

二、政策与制度制约新型城镇化发展

目前,内蒙古农村、牧区大量人口不断迁移到城镇,但城镇的户籍、住房、医疗等社会保障制度都限制了他们在城镇中的工作和生活。

首先,户籍制度加大了农村劳动力转移的难度。农村劳动力转移过程中主要受到"拉力"和"推力"的共同作用。所谓"拉力"是指城镇由于工业化的发展而提供了大量就业机会,同时城镇较高的生活水平、先进的生活方式也吸引了农村剩余劳动力;所谓"推力"是指农业的机械化和现代化发展产生了大量剩余劳动力,迫使农村人口进入城镇寻找就业机会。"拉力"和"推力"的共同作用将推动农村劳动力迁移到城镇,促进城镇化发展。户籍制度、住房制度、就业制度等社会保障制度的限制,使很多农村劳动力在进城就业时无法享受与城市居民同等的公共服务、医疗保障、社会保险等。特别是受到教育制度的限制,使农民工子女无法接受良好教育。长此以往,催生的社会歧视现象不仅会影响社会的稳定和谐,也会极大地削弱城镇对农村剩余劳动力的吸引力,加大农村剩余劳动力迁移到城镇的难度,阻碍新型城镇化的发展。

三、产业结构制约新型城镇化发展

内蒙古产业结构的不合理主要体现在三点:一是第一产业(农业、林业、牧业、渔业等)比重居高不下,最为突出的是第一产业的就业比例一直非常大,第一产业占据产业就业的大部分,并且就业比例一直保持高于全国平均水平10个百分点。二是第二产业(工业、建筑业等)占据产业主导地位,但吸纳劳动力就业的能力却非常薄弱。数据显示,内蒙古第二产业占总产业的比重一直保持在50%多,而第二产业的就业比例却一直不到20%。全国第二产业占总产业的比重虽然低于内蒙古第二产业比重,保持在45%左右,但全国第二产业的就业比例接近40%,高出内蒙古第二产业就业比例20个百分点。三是第三产业(科技、服务业等)比重整体呈现下降趋势,并且低于全国平均水平。

内蒙古产业结构的不合理带来了很多问题,严重阻碍了新型城镇化进程。第一产业比重高和农牧业产业化水平低、现代化水平低等原因导致第一产业就业人数多,从而不能解放更多的农村劳动力,严重制约了农业人口向非农业就业的转移；产业比重最高的第二产业，本应成为吸纳劳动力的主体，但就业比例却非常低；第三产业发展滞后，无法提供更多就业岗位。这不仅削弱了城镇在人口、资金、技术等方面的聚集、辐射作用，也制约了城镇规模的扩大、城镇基础设施建设的发展以及居民生活水平质量的提高。

四、城镇规划管理制约新型城镇化发展

（一）城镇规划建设理念不科学

很多城镇在规划建设上并未实现从传统城镇化到新型城镇化发展理念的更新，在确定城镇性质、功能定位、发展目标、建设规模、空间结构、开发强度、开发边界、保护边界、市政基础设施建设布局等方面缺乏科学规划的理念，一味追求城镇规模、人口规模的扩大，忽略了生态环境的可持续发展，忽略了城乡统筹和区域统筹，最终造成了城镇化进程与城镇化质量不同步等矛盾。

（二）城镇规划建设管理机制不完善

首先，城镇规划程序、管理体制和管控上缺乏详细的法律规范，特别是在规划公示、听证等环节缺乏公众的参与监督，导致很多城镇规划不能够严格执行，甚至出现随意调整和更改，这都极大地降低了城镇规划实施的效率及城镇管理水平。其次，基础设施、公共服务设施等城镇建设需要的投资较大，但回收利益周期长、收益风险大，导致很多社会资本、民间资本对其参与度不高，所以城镇建设方面的资金主要来源于政府。最后，在城镇建设上，投资融资保障机制的缺乏造成对社会资本、民间资本的融资能力差，再加上政府资金投入有限，导致城镇建设资金缺乏，严重制约了城镇规划的实施和城镇管理现代化水平的提高。

第二节　国内城镇化发展路径经验借鉴

一、云南以特色小城镇为依托的城镇化建设

云南省自身山多地少的自然条件导致了其大中城市辐射带动能力不足的

问题。因此，云南省在推行城镇化的过程中没有去一味效仿其他省区的城镇化发展模式，而是根据自身特有的资源优势，因地制宜，宜工则工，宜农则农，走出了一条以发展特色小城镇为依托的城镇化道路。这不仅避免了与其他省区在结构上的雷同、低水平重复建设等问题，而且在开发小城镇当地特色文化、特色经济的同时，充分发挥其辐射带动作用，开创了云南城镇化特色发展之路。下面简单介绍云南省几个特色小城镇的案例。

1. 丽江城区的束河古镇：以旅游业推动城镇化

束河古镇位于丽江城区西北部，是我国少数民族纳西族先民在丽江的主要聚居地。自 2003 年实施"束河茶马古镇保护与发展"项目以来，束河古镇从一个默默无闻的边陲小城镇发展为中国著名旅游胜地，推动了本地区的城镇化进程。

束河古镇在以旅游业为依托的城镇化进程中，除去它本身具有的得天独厚的旅游资源外，政府也担当了重要角色。政府在确定了以旅游业为主导产业、多种相关产业并举的发展思路和以打造高品质旅游小镇为目标后，以"在保护的前提下开发，以开发促进保护"的发展理念为指导，慎重选择经济实力雄厚、有科学规划并能统筹考虑多方利益的投资企业，要求企业进驻束河古镇后，在完善古镇的基础设施的基础上再进行下一步的开发。旅游业的发展使居民住宅和商铺的需求增多，束河古镇面积不断扩大，并吸引周边及当地居民纷纷加入餐饮、住宿、交通运输、旅游产品销售等行业，在增加收入的同时，实现了农村人口转非农业就业，推动了当地城镇产业的升级。束河古镇以旅游业的兴旺作为产业支撑，真正实现了以城带乡、城乡联动、协调发展的城镇化道路。

2. 大理市上关镇：以生态产业推动城镇化

上关镇位于大理市西北部。随着大理市城镇化进程的高速推进，上关镇的传统农业模式因为耕地面积的减少、传统种植业的衰落而受到冲击，很难再推动经济的快速发展。上关镇转而以全力打造新农村生态建设镇为发展方向，开展科学种植、科学养殖、生态旅游等特色产业。首先，上关镇定期举办乳牛养殖、烤烟移栽烘烤、测土配方施肥、果树嫁接等产业的技术培训，进而提高村民综合素质，为生态产业的发展打下良好基础。其次，上关镇结合自身优势，增加烤烟、经济林果蔬菜、红豆杉、核桃、金银花等高效生态农业的种植，吸引了许多企业到当地投资建厂，同时加大对道路、路灯、垃圾处理厂等基础设施的建设，极大地改善了农业生产条件和居民生活条件。最后，上关镇著名的罗时江湿地生态公园的旅游业带动了相关餐饮服务、农家乐的发展。以上各项措施在推动城镇经济发展的同时，提供了大量就业机会，推动了城镇化的进程。上关镇以生态产业为支撑，真正地实现了经济发展和环境保护协调的双赢。

3. 禄丰县广通镇：以商贸推动城镇化

广通镇位于滇中与滇西的接合部，不仅拥有纵贯全境的成昆铁路和四通八达的公路，还与320国道以及楚大、安楚高速公路相连，并且滇西重镇和滇西八个地州（市）的茶叶、白糖、水果、木材、化肥、矿产品等物资都在此处集散。首先，广通镇根据自身特有的地理位置，充分利用当地交通条件，投入大量人力、物力、财力来推进物流中心建设，并且通过牢牢抓住泛珠三角"9+2"区域经贸合作和中国—东盟自由贸易区建设的机遇，主动融入滇西国际大通道和泛亚、泛南亚经济圈中，从而提高广通镇在全省物流产业中的地位。其次，广通镇大力扶植现代物流产业的发展，不仅通过融资、改造、信息化、自动化、智能化、网络化等手段转向现代物流，更是引进一批具备先进物流技术的企业，推动本地物流产业升级，打造由规模大、现代化、技术高、服务能力强的物流企业所形成的多层次、社会化的物流网络体系。最后，广通镇在发展循环经济、保护环境的发展思路下，切实推动以建筑建材、交通运输、冶金矿产、饮食服务业为主的非公有制经济发展。广通镇坚持用物流的发展带动当地商贸的发展，最终实现以物流吸引人口和资金，拉动广通镇经济的全面协调发展。

二、浙江温州依靠私人资本自下而上的城镇化建设

不同地区推动城镇化发展的主要要素也会不同，有的是农业推动，有的是外资推动，而浙江温州的城镇化起步于家庭手工业的发展，是典型的依靠私人资本进行自下而上的城镇化发展模式。所谓自下而上的城镇化发展模式是指"大力发展私人经济，以此带动乡镇企业的发展和非农产业向附近空间转移、在小规模范围内适当聚集，以此推动小城镇迅速发展，大部分村民职业发生变化、生活方式越来越接近城镇化"。私人资本推动温州城镇化发展的历程大概分为以下三个阶段。

第一阶段是1978—1982年，为"温州城镇化模式"的萌芽阶段。党的

十一届三中全会之后，温州城镇化在市场经济引领下，鼓励个体、私营企业和家庭手工业发展，推动农村劳动力就业，完成非农化转型。随着农村家庭手工业的蓬勃发展，农民开始成为温州迈向工业化和城镇化的主角，80多万农村劳动力脱离土地，转而进入家庭办和联户办的工业、商业、交通运输业及其他服务业就业。家庭手工业的繁荣发展必然催生大量的各类商品市场，而专业市场的发展吸引了大量人流、物流、信息流和资金流向市场周围聚集，促进城镇非农产业的发展和城镇规模的扩大，推动了农村生活方式向现代化的转型。这段时期，温州的城镇化模式体现出"小商品、大市场"的特色。

第二阶段是1983—1991年，为"温州城镇化模式"的发展阶段。以家庭作坊为生产单位的家庭手工业存在技术管理水平落后、资金短缺等问题。在经济发展过程中，这种问题严重制约了企业发展、产业聚集以及市场规模的扩大。从1984年开始，温州人开始突破家庭作坊式的生产和相对封闭的市场空间，以资金、技术、人才、信息为纽带，创建了股份合作制企业。股份合作制企业不仅可以扩大企业资金来源，而且有利于企业的技术创新和管理创新。同时，在市场开放的条件下，促进了农村劳动力向城镇迁移，有力地推动了温州城镇化的非农就业。

第三阶段是1992年以后，为"温州城镇化模式"的提升阶段。1992年以后，温州主要在产业创新、城镇质量提升方面采取一系列措施来推动城镇化的发展。首先，在产业创新上，为使产业发展能够走出"小商品"生产格局，形成"大商品"生产格局，温州主要通过提升产业的技术创新能力、组织创新能力和管理创新能力，使得现代化企业能够生产出具有一定技术含量和档次的产品，以应对更加激烈的市场竞争。其次，在城镇质量的提高上，温州主要致力于提高城镇的产业聚合度及产业关联度、城镇可持续发展能力，同时致力于城镇与农村的经济社会融合，进一步解除阻碍城乡资源自由流动的制度障碍，实现大流动、大市场。这一系列措施有力地促进了农村人口向城镇迁移，农村剩余劳动力进入非农行业，改变农村经济结构，逐步实现现代化。

从上述分析可以看出，温州城镇化模式主要是通过私人资本发展推动非农产业聚集化、农村剩余劳动力非农化发展、城乡经济之间实现融合升级等。具体来说就是，家庭手工业的发展使得温州产业结构由以农业为主转化为以第二产业和第三产业为主，吸引大批农村剩余劳动力向城镇转移，实现了产业结构的非农化和农业劳动力就业非农化。很多集镇产业不断发展、规模不断扩大，成长为当地的中心小城镇，使温州城镇化进程迅速推进。

第三节　内蒙古城镇化的保障机制

内蒙古新型城镇化发展必须依靠科学的制度保障，深化各领域改革，创新体制机制；全面贯彻《中共中央关于全面深化改革若干重大问题的决定》和《内蒙古自治区党委贯彻〈中共中央关于全面深化改革若干重大问题的决定〉的意见》，在充分发挥市场配置资源的决定性作用的基础上，更好地发挥政府作用；深化重点领域和关键环节改革，鼓励少数民族聚居地区先行先试，创新体制机制，激发内生潜力，释放改革活力，增强发展动力，全方位推进人口、行政体制、产业、金融财税、土地、资源环境和扶贫等方面的政策和制度创新。保障机制包括改革户籍制度，建立城乡人口有序流动机制；建立健全转移人口的城镇住房保障制度，提高城镇建设质量；深化土地制度改革，推动城乡发展一体化；完善教育培训机制，提高城乡劳动者素质技能；创新公共文化管理机制，促进民族地区文化繁荣；建立牧区全域协调推进机制，落实各级政府引领新型城镇化的责任，努力构筑内蒙古城镇化发展新格局。

一、改革户籍制度，建立城乡人口有序流动机制

内蒙古新型城镇化要以人的城镇化为核心，促进生态环境、生产方式、生活条件的改善，促进人的素质技能提高，推进现代化进程和全面建成小康社会。《中共中央关于全面深化改革若干重大问题的决定》提出，完善城镇化健康发展体制机制，推进以人为核心的城镇化，推进农业转移人口市民化。因此，新型城镇化机制改革要围绕转移人口市民化和统筹城乡协调发展要求，完善城乡人口自由流动的机制，有序推进牧区转移人口市民化。

要彻底改革排斥农牧民进城落户和人口流动的户籍制度，从限制农牧民进城和人口流动转向鼓励和支持农牧民进城，促进人口和劳动力的自由流动。户籍制度主要有记载社会成员的基本信息、确定公民的法律地位、提供人口资料和相关信息等3项基本功能。户籍制度改革本身并不是一项非常困难的改革，难的是户籍上附着的多项功能和利益。户籍制度改革是一项系

统工程，涉及住房、就业、教育、公共服务、社会保障等利益的重新调整问题。因此，要真正彻底改革户籍制度，就必须与就业、教育、医疗、养老、住房等社会福利制度和土地制度、财税制度等相关制度的改革结合起来。如果相关制度不改革或改革不到位，城乡统一的一元化户籍制度就不可能真正建立起来。鉴于户籍背后所隐含的复杂利益，户籍制度改革需要分阶段逐步实施，稳妥推进，可按"两步走"进行。第一步，全面放开中小城市、小城镇落户条件，取消本辖区农村户口和城镇户口的差别，允许本辖区农牧民自由落户城镇。对在呼和浩特、包头和赤峰中心城区等大城市具有稳定就业、稳定收入和固定居所且工作一定年限以上的农牧民工，实施居住证制度，逐步增加公共服务供给。居住证申办从低门槛逐步走向无门槛，外来常住人口只要有固定工作、自愿申请，都应该办理居住证。第二步，取消居住证制度，只要合法稳定就业达到一定年限并有合法稳定住所（含租赁），同时按照国家规定参加城镇社会保险达到一定年限的人员，本人及其共同居住生活的配偶、未成年子女、父母等，可以在当地申请登记常住户口。放开所有城市的落户条件，实行城乡统一的一元化户籍制度，所有居民在城乡间、城市间能够自由流动、自愿落户，在教育、就业、医疗、养老、社会保障等方面，不分城乡、不分区域、不分群体，享受同等权利。

在户籍制度改革中，要充分尊重农牧民的意愿，同时要允许农牧民在保留农牧区土地、宅基地权益的基础上进城落户。进城农牧民自愿转为城镇户口的，可继续保留承包地、宅基地的使用权和收益权。户籍制度改革还要制定科学的调控政策，通过产业布局调控普通劳动力的迁移；通过不同类型、不同层次劳动者的迁移流动，促进农牧区人口向城镇集聚转移；通过调整人口地区分布格局，平衡全区人口、就业、资源、生态环境等多要素间的关系。适度放宽呼和浩特市、包头市等较大城市落户的限制，全面放开旗县所在地城镇、建制镇落户限制，积极鼓励农牧民就近向旗县城镇、集镇转移落户，切实解决久居城镇外来务工人员和新生代农牧民工的落户问题。针对农牧民转移人口在公共服务设施、住房保障及相应的劳动就业、社会保障等需求上制订新对策。

二、建立转移人口城镇住房保障制度，提高城镇建设质量

住有所居是人的基本需求，是进城农牧民实现市民化的基础条件。创新

城镇住房制度，有助于降低农牧民转化为市民的住房门槛，将进城的农牧民纳入城镇住房保障体系。城镇化水平的提高，可以带动城市公共设施的发展；同样，配套齐全、服务质量优良的城镇基础设施和公共服务设施，可以加速吸引人口的集聚，增强城镇的吸引力和辐射带动力，使人民享受到新型城镇化的发展成果，二者缺一不可。

（一）健全覆盖进城农牧民的城镇住房保障制度

一是完善规划保障制度，将进城农牧民住房保障规划纳入各地区经济社会发展规划、城镇建设规划、土地利用规划中统筹考虑。改变目前保障性住房政策的应急性、临时性特征，在住房规划时要充分考虑城镇化进程中大量牧区人口向城市流动迁移的长期性和持续性，增加保障性住房用地计划指标。

二是增加政府保障性住房建设投资，扩大政府直接供给规模。在被征地农牧民安置集中的区域，可由政府引导、市场运作，建设符合进城农牧民需求、统一管理的集体宿舍；也可鼓励社区街道、工业园区、企业建设适合进城农牧民租赁的社会化公寓、集体宿舍，允许各地在城乡接合部由集体经济组织利用闲置建设用地建设公寓。

三是运用政府支持、进城农牧民集资、市场融资等多种手段，建造覆盖进城农牧民的保障性住房。政府在资金补贴、税收减免、土地供给等方面给予政策性支持。例如，让进城农牧民参与保障房建设，允许进城农牧民按规划要求以集资方式合作建房；对进城农牧民保障性住房给予信贷等融资支持，探索解决农牧民进城住房问题的新机制；开展"宅基地换房"试点，在牧区土地所有权明晰的基础上，由农牧民自愿按照规定的置换标准以其宅基地换取城镇住宅等。总之，从现实出发，借鉴国际经验，遵循可得性、可承受性和可复制性原则，在合理规划的基础上，允许在一些城市的城乡接合部发展针对低收入人群的标准适当的"能住得起的简易住房"。

四是建立和完善进城农牧民住房相关配置制度。完善住房公积金制度，将进城的农牧民纳入住房公积金制度覆盖范围，由用人单位和个人缴存住房公积金，用于进城农牧民购买或租赁住房，并实行全国联网、跨区域异地转移接续和提取。

五是完善对进城农牧民的保障性住房财税支持制度。建立用于进城农牧民住房建设管理、维护的进城农牧民公共住房专项资金，对兴建进城农牧民公寓和集体宿舍的机构和企业给予一定补贴或税收减免。

六是完善金融服务制度，降低进城农牧民购房的首付款比例，延长贷款期限。

（二）完善城镇功能，增强城镇综合承载力和辐射带动力

内蒙古地大面广，基础设施"欠账"多，要大力建设快速通道网，包括高速铁路网、高速公路网、"空中走廊"、口岸和信息高速公路等，推动以交通运输网和信息通信网为"骨骼"的城镇体系建设。

加强城镇规划建设管理，推进公用设施建设，提升服务功能。基础设施是城镇赖以发展的基础和平台，公共服务设施的完备和公共事业的发展既显示城市竞争实力和综合价值，也体现市民的生活水平和生活品质。按照"适度超前、功能完善、配套协调"的总体要求，把本地和外来的发展要素都纳入规划和建设中，加强城市基础设施和公共服务设施建设。

一是坚持提升品位与完善功能并举，注重公共设施配套，优先启动受益人群最多的工程项目，加大道路桥梁、公共交通、给排水、垃圾处理、燃气电力等市政基础设施和住房、医院、学校、文体场馆、市场、公共绿地等生活服务设施建设力度，并把城市建设与完善城市产业、文化、旅游、水利、生态等功能结合起来，配套推进。

二是坚持因地制宜，创新规划设计，突出城市特色，发展城市个性，塑造城市形象，建设富有时代特点和地方特色的城市文化。加强历史文化名城名镇、历史文化街区、民族风情小镇、特色乡村文化资源挖掘和文化生态的整体保护。依法保障少数民族群众进城后使用本民族语言文字的权利。使用少数民族语言文字规范建筑物标志，加强市面上蒙、汉文并用。城市基础设施建设和公共服务体系规划设计要满足少数民族在饮食、宗教活动和民族习俗等方面的需求。

三是运用政府与社会资本合作等方式，实行筹资渠道多元化。通过政府投资撬动社会资金，逐渐增加社会资金的比例，有效缓解市政建设资金压力。加大财政对城市公益性设施建设的投入力度，推进绿色城市、智慧城市、人文城市、"海绵城市"建设。

三、深化土地制度改革，推动城乡发展一体化

完善土地流转和征地补偿制度。农牧民是否愿意离开土地，又是否能够离开土地，依赖于牧区土地制度的重新安排。牧区土地制度改革的目标，就是既要保证农牧民的土地权益不被侵犯，保证离开土地转化为市民时"离有所得"，又要保证农牧民在土地上所承载的利益和保障能在市民化过程中得以最大程度实现，从而提高农牧民进城落户的生存和发展能力。为此，完善牧区土地流转和征地补偿制度的具体做法如下。

第一，完善牧区集体土地确权赋能，切实保障农牧民的财产权益。尽快完成牧区土地所有权的确权登记颁证工作，把集体资产折股量化到个人，切实落实和保护农牧民的土地财产权利。

第二，完善牧区土地所有权流转制度。按照明确所有权、保障收益权的要求，赋予农牧民对土地、宅基地、住房、股权的自由处置权，使农牧民成为土地交易的真正市场主体。允许和鼓励农牧民依法自愿对土地以出租、转让、置换、赠予、继承、作价入股等方式流转土地所有权，任何组织和个人不得干预，禁止任何组织和个人违法调整、收回农牧民的土地所有权和强迫农牧民进行土地流转；允许城市居民和企业以公开、公平的方式和价格购买农村土地、宅基地、住房的使用权，并通过发放权证保护其合法赋予牧区土地（耕地、林地、草地）、宅基地所有权抵押贷款的权利；鼓励金融机构开展"两权"抵押；鼓励进城落户的农牧民自由转让土地、宅基地所有权，并赋予本村村民和村集体组织同等条件下的优先购买权。若进城落户农牧民不愿放弃对土地和宅基地的所有权，任何组织和个人不得以任何理由强行剥夺。

第三，完善征地补偿制度，必须完善和严格遵守农地农用规划，不得随意征用牧区土地用于非农用地。改革土地征、占用办法，严格界定公益性和非公益性用地的界限，明确作为征地主体的政府和作为土地所有者的农牧户、农牧民集体在法律上处于平等地位，不同类型的土地交易都应按市场规则进行，政府出于公共利益的需要而对牧区土地依法进行征收时，要从切实保障农牧民的合法土地权益出发，根据农牧民长远生存发展的需要和经济社会发展所处的阶段、政府财力等，以合理幅度提高征地补偿标准。牧区土地征用补偿价格要与城镇土地同地、同权、同价。对于非公共利益建设用地，

可以允许在土地集体性质不变的前提下，让农牧民作为市场主体直接参与交易，即使由政府征收为国有土地的部分，土地增值收益的绝大部分也应返还原土地所有者，以减少政府"借地生财"而随意侵占和损害农牧民权益的行为。政府留成部分应当用于耕地保护、被征地农牧民社会保障、廉租房和农村基础设施建设等。建立和完善征地补偿安置争议的协调和裁决机制，维护土地市场的公正和公平性，维护被征地农牧民和用地者的合法权益。要将土地补偿与农牧民享受社会保障脱钩，享受基本社会保障是农牧民基本的权益，与土地是否交易无关。

第四，完善市场调节机制，建立合理适宜的市场调控体系。牧区土地的经营权、经营性非农建设用地的使用权要有统一的定价标准，并在各地区之间自由转让，取缔原有的行政计划制度，通过市场来调节各行业各地区的土地供求，达到供求平衡的目的。研究区别化土地供应，优化配置城镇建设用地，提高土地审批供给效率。实施严格耕地保护和集约节约制度，盘活存量用地，减少增量用地，大力推动工矿废弃用地和居民点废弃用地调整利用工作，提高城镇建设用地的利用效率。统筹规范农村牧区建设用地，合理引导牧区居民点建设用地布局，探索城乡统一的建设用地市场，在符合规划和用途管制的前提下，做好农村集体经营性用地的出租、出让和入股等，实行与国有土地同等入市，实现同土地交易区同价。把土地整治和矿山环境治理与当地城镇化建设结合起来，整体推进，为城镇化建设提供土地供应和保障。

四、完善教育培训机制，提高城乡劳动者素质技能

完善教育保障机制。加强基础教育与职业教育，为城乡就业转化人员提供廉价、便利并具有针对性的技术培训和职业指导，提升城乡劳动力整体素质，引导人力资源市场有序发展。优化人才发展环境，健全引进、培养、使用人才的激励机制。加强各类人才队伍建设，对于偏远地区工作人员建立津贴动态调整机制予以补助。加强教育培训（基础教育、职业教育、高等教育），重点建设一批具有民族特色、牧区特点的职业院校，扶持一批符合民族特色和优势产业的应用型学科专业，建立产教融合、校企合作的机制，扩大"双元制"和"现代学徒制"创新教育模式和学习模式的试点范围。优化民族教育资源，建立教育公共财政体制和教育投入保障机制。综合考虑城镇化与牧区人口的迁移变化，规划校点布局，保障随迁子女平等接受义务教

育。解决好牧区留守儿童入学问题，实现少数民族家庭经济困难学生资助全覆盖，确保牧区适龄儿童少年有学上、上好学。

推进现代职业教育体系建设。按照《国务院关于加快发展现代职业教育的决定》的精神和要求，适应牧区经济社会发展的实际需要，鼓励和引导本科院校转型发展，积极调整优化专业结构，调整课程体系，增强实践教学环节，着力培养应用型、技能型高层次专门人才。稳步发展中等职业教育，整合职教资源，优化中等职业教育布局结构，提高教育质量。创新发展高等职业教育，以提高质量为核心，以增强特色为重点，优化高等职业教育布局，密切关注产学研合作，培养服务区域发展的技术技能人才。推进高中等职业教育协调发展，着力打通各层次职业教育相互沟通的渠道，构建有利于人才培养的"立交桥"。

建立和完善适应内蒙古牧区需要的职业技能培训补贴机制，制订区域性培训补贴项目目录和培训补贴标准，完善培训补贴拨付机制。整合各类培训资源，统筹使用好各类培训资金，鼓励和引导企业以及各类劳动者积极参加岗前培训、在职培训、轮（转）岗培训、创业培训、农村牧区劳动力转移就业培训等各类培训。创新培训方式，积极培育和打造培训联盟，完善校企合作、校校联合的培训机制，大力支持开展特色品牌、精品专业培训和订单，以及定向、定岗式培训，增强职业技能培训的针对性和实效性。

实施新一轮牧区实用人才培养计划。发展面向牧区的职业教育，服务"三牧"，培育新型农牧民，面向新型农牧民、农牧民工开展培训。加大紧缺工种从业人员培训，促进牧区转移劳动力适应产业转型升级。健全继续教育激励机制，实施"农村实用技术培训计划""农村劳动力转移培训计划"和"农村牧区实用人才培养计划"，主要面向新型农牧民、农牧民工开展培训，为城乡就业和转移人口提供有针对性的技术培训和职业指导。开展以创建技能大师工作室、开展高水平高层次的技能竞赛、创建高技能人才实训基地等重大项目为抓手，进一步强化紧缺型高技能人才的培养工作。进一步加强小微企业公共培训平台建设，为没有能力自主开展培训的小微企业提供培训，提升城乡劳动力整体素质。优化人才发展环境，健全引进、培养、使用人才的激励机制。加强各类人才队伍建设，为牧区偏远地区工作人员建立津贴动态调整机制，稳定基层人才队伍。

五、创新公共文化管理机制，促进民族地区文化繁荣

落实《内蒙古自治区人民政府关于进一步繁荣发展民族文化事业的决定》，以建设社会主义核心价值体系为主线，以完善公共文化服务体系为重点，加快公共文化服务发展，进一步繁荣发展少数民族文化事业。实施重大文化设施建设项目和重点文化惠民项目，以旗县（市区）综合文化中心、图书馆、文化馆和农村牧区综合性文化服务中心建设为重点，完善基层公共文化服务设施。加快公共文化服务供给，加快广播电视户户通、应急广播村村响、地面数字电视覆盖、文化信息资源共享、苏木（乡镇）综合文化站、草原（农家）书屋、农村牧区电影放映、全民阅读等重大公共文化惠民工程建设，确保边境、边远地区少数民族群众同等享受文化服务。

实施草原文艺精品工程，加强少数民族文艺创作，积极组织参加全国少数民族文艺会演、全国少数民族文化创作"骏马奖"评选、全国少数民族曲艺展演、全国少数民族美术作品展和中国少数民族戏剧会演。广泛开展少数民族群众文化活动，鼓励和扶持少数民族开展民间自发的健康的文化活动，举办特色艺术节和展演活动，继续开展"书香内蒙古全民阅读"、"百团千场"下基层、"欢乐送万家"、文艺志愿服务等文化惠民活动。鼓励开展普及性、公益性的文化艺术讲座和活动，大力发展国家级少数民族公益性文化事业。支持国家"中华民族一家亲"下基层活动和"春雨工程"，丰富少数民族群众的精神文化生活。

繁荣发展民族新闻出版广播影视事业。加强少数民族语文报刊、少数民族语言广播电视等主流媒体和新媒体建设，继续推进广播电影电视民族译制工程。推进少数民族文化产品上网工程，加强网上文化内容供给和监管。支持蒙汉优秀文化作品互译，鼓励创作少数民族题材电影、电视剧、戏剧、歌舞、动漫、出版物等文化精品，积极推荐少数民族作品纳入"丝绸之路影视桥"工程和"丝路书香"工程。提高少数民族语言文字出版能力和信息化建设水平，加大对国家级少数民族文字出版基地建设的支持力度，提高双向翻译优秀国家通用语言文字、外文出版物和优秀少数民族文字出版物的数量和质量，提升少数民族语言文字出版物的印刷复制能力。继续实施少数民族新闻出版东风工程和少数民族语言文字出版规划项目；支持实体书店发展和农村基层出版物发行网点建设；推动卫星数字农家书店书屋建设，建立针对双

语教育的多媒体卫星数字服务平台；开展优秀民族图书推广活动；支持少数民族优秀传统文化微播平台建设。

加强少数民族优秀传统文化保护传承和创新发展。加强蒙古学、草原学和"三少民族"方面的哲学和社会科学研究。创新文化遗产保护传承和利用机制，大力扶持创意发展。重点抢救和保护民族传统经典、少数民族民间文学、少数民族传统音乐、少数民族传统舞蹈、少数民族传统美术、少数民族传统技艺、少数民族传统医药等非物质文化遗产。建设少数民族传统文化信息资源库，丰富《中国少数民族古籍总目提要》，做好少数民族古籍保护、抢救、整理、出版和研究工作。发展少数民族文物博物馆事业，加强少数民族文化遗产保护工作，培养少数民族文物保护专家队伍，加大经费投入。完善非物质文化遗产保护传承体系，建立非物质文化遗产档案和资源数据库。加快少数民族非物质文化遗产集聚区整体性保护，推进文化生态保护区建设。积极开展少数民族非物质文化遗产生产性保护，推动优秀民族文化遗产和优秀传统文化创新和提升，力争建设一批国家级少数民族非物质文化遗产保护示范基地。加大对少数民族非物质文化遗产濒危项目代表性传承人抢救性保护力度，建立以传承人保护为核心的民族非物质文化遗产保护机制。大力抢救保护少数民族濒危语言文字，制定出台《〈内蒙古自治区蒙古语言文字工作条例〉实施细则》。保护发展那达慕、赛马、搏克、射箭、曲棍球、蒙古象棋、布鲁、安代健身操、驼球等少数民族传统体育，推广少数民族传统体育项目。保护发展少数民族传统体育人才，建立少数民族传统体育项目训练、示范基地，开展少数民族传统体育活动。

加快民族文化产业发展。充分利用丰富的历史文化、民族民俗等资源，重点发展以草原文化为核心的特色文化产业集群，着力打造呼包鄂、锡赤通文化产业富集区，推动具有竞争潜力的少数民族文化资源进入国内国际市场，形成一定规模的民族特色文化产业。实施文化产业重大项目带动战略，积极发展依托文化遗产的旅游及相关产业。支持举办民族特色节庆活动，继续举办"草原文化节""敖包节""瑟宾节""篝火节""巴斯克节"等文化节庆活动，打造一批富有民族区域特色的节庆品牌。建立完善少数民族文化产业项目库，加快实施一批重点民族文化产业项目，促进少数民族传统剧目常态化演出，形成优势明显、特色突出的文化产业群。推进特色文化产业、文化创意与相关产业融合以及旗县以下戏曲传承等重点产业项目建设。加强牧区人文资源的保护和利用，改善和提升人文设施的数量和质量，使少数民族传统文化以"活态"的方式传承下去，使少数民族优秀文化被各民族欣赏和共享。

六、建立牧区全域协调推进机制，落实各级政府引领新型城镇化的责任

加强对牧区新型城镇化工作的组织领导，建立健全跨区域协调机制，开展定期协商和沟通，围绕共同关心的跨界重大事项，相关职能部门之间建立联席会议制度或联络制度，开展多种形式的沟通、协商和协调，重点解决跨盟市、跨旗县的资源合作、环境共治、设施对接等问题。在现行城镇行政体制下，基于地方利益考虑，没有行政隶属关系的城市之间存在着激烈的非合作博弈，这使得相邻城市间的横向合作受到严重阻碍。部分城市政府在行政区域范围内构筑自我封闭、自我配套的经济结构体系，有意识地限制生产要素跨行政区自由流动，制约了公平有序、自由竞争的统一大市场的形成。生产要素难以实现跨行政区流动，公共基础设施呈碎片化状态难以共建共享，阻碍跨行政区城市群的协调发展。为此，要创新区域发展协调机制，创新协作机制。

一是建立一个能够承担跨区域城市群协调职能的权威机构，跨盟市的城市群由自治区设立跨盟市城市群协调管理委员会，主要在城市群的公共基础设施、土地规划、环境管理、经济发展等方面享有管理权限，协调城市群内部各成员城市实行统一的市场准入和商标保护等措施，统筹制定城市群公共基础设施建设与经济社会发展规划，逐步制定和实施统一的户籍制度、就业制度、教育制度、医疗制度、社会保障制度等地方性法规制度和政策标准，以促进城市间基础设施共建共享、城市功能互补、产业合理分工、经济联系加强。在此基础上，建立有利于城市群发展的区域合作法律法规，通过城市群区域共同立法与执法，使城市群各成员城市一体化发展。

二是大、中小城市和镇之间在基础设施建设、公共服务体系构建、产业布局等方面应进行统一规划、科学建设。大城市应打破行政壁垒，按照牧区一体化和发展城市群的思路，将基础设施和公共服务不断向周边中小城市和镇延伸，形成"以大带小"效应。同时，中小城市和镇需要积极与大城市对接，在牧区各区域空间上与大城市形成梯级功能结构，为人口流动和产业转移创造条件。

三是搭建合作平台，加强新型城镇化工作的政策研究。培养各级各类人才队伍，为牧区新型城镇化建设提供人才支撑。集成设计激励性与约束性相结合的政策体系，形成一体化发展的协调机制、成本分担和利益共享机制、法制保障机制。加快推进市场一体化进程，实施协同人口管理、财税管理、园区管理、资源开发、用地管理、投资融资和差别化政策，破除限制资本、技术、产权、人才、劳动力等生产要素自由流动和优化配置的各种体制机制障碍，推动各种要素按照市场规律在区域内自由流动和优化配置。例如，推进呼包鄂城市群一体化发展，应加快推进市场一体化进程，破除限制资本、技术、产权、人才、劳动力等生产要素自由流动和优化配置的各种体制机制障碍，重点推动人口管理、财税管理体制、园区管理体制、资源开发管理机制、用地管理机制、投资融资体制、对外招商合作机制、人才开发机制等方面的政策协调，推动各种要素按照市场规律在全牧区自由流动和优化配置。

四是推进审批制度改革，构建有效的政府管理体系。结合不同层级政府权责配置改革，划分不同层级政府的审批事项，防止审批权限的过度集中，维护审批管理的公平性和有效性。各级政府要加快整合现有电子政务资源，建设行政权力项目库、行政权力运行平台、政务公开平台、法制监督平台、电子监察平台等"一库四平台"，固化行政权力行使程序，并结合上网运行、廉政风险防控的需要优化内部流程，通过网上政务大厅提供便民服务。尽快完善行政审批事项目录清单、政府行政权力清单、投资审批"负面清单"、政府部门专项资金管理清单和行政事业性收费目录清单等5张清单，制定出台清单管理办法，实行动态管理，强化刚性约束。积极探索"串联审批""政务超市""首席代表""一审一核"等服务新模式。以服务企业为主线，优化注册登记服务；以项目建设为主线，优化项目审批服务；以规范市场为主线，优化审批中介服务；以便民利民为主线，优化社会保障服务。

五是建立有效的政府管理体系，营造公平有序的市场竞争环境，提高各级政府履行经济职能的有效性。一方面，要运用大数据等新一代信息技术，加快建立有效的信用监管体系。树立大数据监管理念，运用现代信息技术，从依靠传统行政监管手段向注重运用市场主体信用监管手段转变，按照数据大集中的要求建设全区统一的市场主体登记系统和市场主体综合监督管理系统，为全区企业信用信息公示系统提供数据保障；构建信用监管机制，严格落实企业信息公示、经营异常名录、严重违法企业名单等制度，对守信主体予以支持和激励，对失信主体进行限制和约束；强化政府部门协同监管，加强执法联动，形成协同监管合力；充分发挥行业协会对企业的组织、协调、规范、引导功能，拓展新闻媒体、社会及市场监管的参与度，推行社会共治；加强市场监管部门信息协作，充分发挥大数据在市场监管、经济形势分析和预测等方面的作用，促进产业转型升级和长期健康发展。另一方面，要完善市场准入、价格、产品质量标准和资源、环境、安全等管理工具，建立管理部门合作协调机制，实施"负面清单"管理制度，适时适度提高环保、技术、质量等各类标准，引导企业把创新作为其提高市场竞争力的重要途径，加快产业转型升级的进程。

六是构建基于主体功能区的城镇化发展政绩指标，建立具有差异性和针对性的考核指标体系。对不同地区政府进行分类考核，调动地方政府推进全面、协调、可持续发展的积极性，促进区域之间城镇化协调可持续发展。按照习近平总书记提出的"既看发展又看基础，既看显绩又看潜绩，把民生改善、社会进步、生态效益等指标和实绩作为重要考核内容"的要求，对各地区新型城镇化发展质量进行全面考核，增加经济发展结构指标、发展潜力指标、环境资源消耗指标、市场监管和开放度指标、资源存量变动指标、生态环境指标、公共服务水平指标、社会文明进步指标、人民生活水平指标的权重。建立组织考核与群众评价相结合的综合考核评价机制，探索实行领导干部综合分析研判办法，引导各级政府把更多的精力和资源投入经济结构调整、促进经济发展方式转变中，形成有利于三类产业协调发展、城乡和区域协调发展，有利于改善民生、加强社会建设和公共服务的牧区新型城镇化发展新模式。

第四节　内蒙古城镇化的政策建议

一、内蒙古城镇化的指导思想与基本原则

内蒙古始终认真贯彻落实中央关于推进新型城镇化的方针政策，遵循"8337"发展思路和城镇化发展规律，在转变城镇化发展方式的引导下，从"以人为本"思想出发，推进人的城镇化，有序引导农牧业转移人口，稳步推进城乡基本公共服务均衡化，提高城镇基本公共服务覆盖率；要因地制宜，走差异性和多样性的城镇化道路，根据当地自然资源和历史文化底蕴，

在集约高效利用资源和保护传承民族文化的前提下，建设具有地方特色产业和民族特点的城镇；要理性推断，以适度的城镇化为标准，在合理定位城镇人口规模的前提下，优化产业整体布局情况，构建城镇体系，强化基础建设，进一步扩大提高承载范围，努力实现"四化"同步，即农牧业现代化、信息化、工业化和城镇化，形成以工促农、工农互惠、以城带乡、城乡一体的发展格局；要始终坚持生态文明的理念，建设可持续发展的城镇化；要重视环境保护和生态修复，集约利用水土、能源等各种资源，大力推进绿色发展、循环发展、低碳发展、集约发展的城镇化发展模式。

总之，要在"以人为本，四化同步，优化格局，生态文明，传承文化"等发展原则的指引下，使内蒙古新型城镇化建设具有定位清晰、个性鲜明、功能完善、集约高效、治理有序、社会统筹协调、可持续发展和民族区域特点，推进内蒙古全面建设小康社会与和谐社会。

二、内蒙古城镇化发展的具体路径

（一）构筑新型城镇化战略格局

以呼包鄂城市群为核心，以盟市所在地城市为地区中心，以旗县城相关镇和建制县为重要节点，以赤通锡、呼兴、乌海及周边城镇为区域组群，以贯通自治区东西的交通大动脉为城镇发展带，以北接俄蒙、南连周边省区市的九条重要交通线路为开放轴，打造以"一核，三群，多中心"为重点区域，沿"一带，九轴，网络化"布局发展，生态隔阂、多中心带动、多节点支撑、多方位开放的城镇体系。

1. 着力打造呼包鄂城市群，加快培育赤通锡、呼兴、乌海及周边城市组群

在核心层，以呼和浩特、包头、鄂尔多斯中心城区和准格尔旗的薛家湾和大路为节点，构建"四足鼎力"的"井字型"发展格局。加强呼和浩特建设，提高首府城市的首位度，使首府核心功能加强；将准格尔旗纳入自治区扩权强县试点加强建设，让四足鼎力撑起来；将托克托县、和林格尔县、土默特左旗等城关镇打造成为功能复合的卫星城，密集"井"字布局，加强呼包鄂基础设施建设，从而加强城际联系。

在城市组群层，通过城市规划和区划调整，推动赤峰中心城区、通辽技术开发区（科尔沁区）、多伦县、乌海阿拉善和鄂托克旗经济开发区一体

建设，形成组群核心。以城市所在地为节点，向周边村镇延伸。打造呼兴生态文化旅游城镇圈，形成以呼伦贝尔市、兴安盟中心城市为中心，特色城镇星罗棋布的城镇体系。

通过着力打造呼包鄂城市群，在加快培育赤通锡、呼兴、乌海及周边城市组群的过程中，充分发挥这些中心城市综合实力强、经济发展快、人力资源丰富、交通便利、市场区位优越等优势，促进产业和人口向城镇聚集。

2. 推进新农村新牧区建设，重点发展特色小城镇

在农区，发展中心村，保护特色村，整治空心村，建设农牧业后勤和农副产品加工基地，以村庄建设、环境整治和土地整治为核心，加快乡村建设；在牧区，通过加强基础设施建设来改善生产条件和生活条件，以户为单位，以生态牧场、休闲旅游牧户、牧民合作社、养殖大户为切入点，分户推进新牧区建设。通过政府引导、市场要素配置等方式，引导城市资本加大对"三农三牧"投入力度，以工业化生产经营方式转变农牧业生产经营方式，培育新型农牧民，发展现代化农牧业。

充分发挥小城镇在城镇体系中的独特作用，建设一批有自己独特产业的特色镇，如体现草原文化和民族特色的民族风情镇、历史文化镇等。通过推进新农村新牧区建设、特色小城镇的发展，实现农村牧区人口转移城镇化和就地城镇化。

（二）完善就业创业政策，推进牧区转移人口市民化

结合户籍制度和社会保障制度改革，打破垄断和地区保护，在呼包鄂地区先行推行城乡统筹就业，降低迁移人口进入各大城市的门槛。逐步建立统一开放、竞争有序、城乡一体的劳动力市场，促进已转移牧区劳动力在城镇和非农产业稳定就业。促进中小企业、小城镇和劳动密集产业发展，通过扶持农副产品加工企业和劳动密集型产业、发展乡镇企业、鼓励农民工回乡创业等多种形式拓宽就业渠道。

健全覆盖城乡的公共就业创业服务体系，推进基层公共就业服务设施建设，整合各类创业服务职能，建立面向个人的创业服务平台。发展吸纳就业能力强的服务业、劳动密集型产业和少数民族特色技能型产业，支持发展中小微企业，完善落实少数民族群众创业扶持政策。鼓励发展农牧民专业合作社，促进农牧民就业和稳定持续增收。

积极落实就业扶持政策，搭建创业工作平台。加大对自主创业就业者的政策扶持力度，落实创业担保贷款和财政贴息资金。建立健全农牧民创业政策扶持、创业培训、创业服务"三位一体"的工作机制，鼓励和支持有创业意愿和创业条件的本地农牧区劳动力、返乡农牧民工就地创业。通过技术参股、创业扶持、社会安置等多种手段，吸引外出务工人员返乡创业或就业，并予以资金、管理、税收等方面的优惠政策，实现流失人力资源的回流。

全力扶持自主创业，带动就业增长。结合工商登记制度改革，放宽劳动者创业注册资本、经营范围等限制。允许劳动者以知识产权、发明专利、股权、债权等作为出资方式设立企业；允许创业者以住所登记、联系点登记、集中登记等方式注册登记。对进城农牧民创办个体工商户的，按规定享受限额税收优惠；新创小微企业享受现行所得税优惠政策。公共服务平台要为新创设的小微企业、个体工商户免费提供管理指导、市场开拓、标准咨询、检验检测认证等服务。推进创业政策措施向劳动者创办社会组织、从事网络创业领域延伸，提供同等的限额税收减免、免征行政事业性收费、创业就业贷款及贴息和相关创业服务。

加大创业融资支持。进城农牧民自主创业自筹资金不足的，可申请创业就业贷款，贷款最高额可适当提高，加大对各类创业实体贷款的支持力度，贴息资金由地方财政安排。对就业困难人员创业的，可给予一次性创业补贴。鼓励企业、行业协会、群团组织、天使投资人等以多种方式向创业者提供资金支持，对支持创业早期企业的投资，符合规定条件的，按规定给予政策鼓励。

提供创业经营场所支持。强化牧区旗县政府扶持创业的责任意识，在土地利用总体规划中扩大创业孵化和生产经营场地供给。支持高校、企业和其他社会投资主体利用各类园区、闲置场地、专业化市场等建设创业园（孵化基地）。城乡劳动者在创业园（孵化基地）租用经营场地的，孵化期满后应按明显低于同类地区、同类型场地的平均价格缴纳租金及相关费用。在人社部门认定的其他创业平台创设小微企业或从事个体经营的登记失业人员、高校毕业生、就业困难人员，创业3年内租用经营场地和店铺，可给予一定的租金补贴。建立健全青年创业辅导制度，从拥有丰富行业经验和资源的企业家、职业经理人、投资人以及具备条件的创业培训师当中选拔一批青年创业导师，为创业大学生提供创业辅导。通过组织创新创业论坛、创业经验交流、创业项目展示和推介等专题活动，成立创新创业俱乐部、创业联盟等组织，搭建大学生在牧区创业的交流合作平台。

（三）完善产业支撑体系，推进牧区经济转型升级

实行差别化的产业政策。围绕内蒙古牧区经济结构调整和转型升级方向，建设一批符合国家和自治区产业政策的特色优势产业，积极承接发达地区产业转移。突破传统路径依赖的发展方式，依据牧区的资源禀赋和区位优势，强化县域经济、民营经济、绿色经济支撑。巩固提高第一产业，优化提升第二产业，发展壮大第三产业，着力增强三类产业发展的协同性和产业内部结构的协调性，努力实现传统产业新型化、新兴产业规模化、支柱产业多元化。建立高度共享的产业公共服务与技术服务平台。引导企业把创新作为其提高市场竞争力的重要途径，构建产业创新平台，积极与发达地区对接协调，建立长期与其他省际的高层产业转移统筹协调机制，引导东部发达地区生态型产业向内蒙古有序转移。鼓励外向型经济发展，支持建立边境自由贸易区、保税区和经济合作区，提升经济外向化水平，加快产业转型升级的进程。加大对高耗能、高污染行业的调控力度，抑制产能过剩和重复建设，推进资源型产业转型。

支持产业技术创新，全面落实中关村自主创新示范区先行先试的一系列政策，研究出台涵盖财政税收、金融信贷、政府采购、成果转化、知识产权保护、人才队伍建设等各个方面的政策与制度。支持企业开展创新，对企业增加研发投入、建立研发机构，实行成本列支、税收减免等政策；支持产学研结合，采取建立专项资金、实行贴息、信贷担保等形式，促进科研成果转化；支持创新载体平台建设，对大学科技园、留学生创业园、重点实验室、工程技术中心、公共技术服务平台等的建设和运行，实行税收减免和费用补贴；加大知识产权保护力度，完善保护知识产权地方法规，为发明创造、知识产权保护提供法制保障。在绿色农畜产品、文化科技融合、生态与环境、现代蒙医药、稀土等领域突破和掌握一批关键核心技术。支持节能环保、生物技术、云计算与大数据、智能制造、新材料等新兴产业的发展，支持传统产业的优化升级。构建以企业为主体、以市场为导向、产学研相结合的技术创新体系，鼓励构建产业技术创新战略联盟。

创新服务平台和软环境建设，优化产业发展环境，完善产业配套服务。

建立高度共享的产业公共服务与技术服务平台。充分发挥市场配置资源的基础性作用，强化政府的市场监管职能，营造公平有序的市场竞争环境。完善并落实支持中小企业和民营企业发展的政策、措施，为企业发展创造宽松的政策环境。拓宽资本融资渠道，协调金融机构建立企业融资平台，灵活运用债券、信托等手段，增强企业融资能力，扩大企业融资途径，为中小企业发展提供有力的金融支持。培育创新产业，加快创业孵化体系建设，发展创新工场、创客空间等新型孵化器，扩大众创空间。

推动要素创新，调动人的创新积极性。鼓励科技人员创新、创业，改革高校和科研院所人事管理体制，对科技人员携带科技成果创业、大学生科技创业实行优惠政策；支持人才引进和培养，设立创新创业人才专项资金，对高层次领军人才和创新创业团队加大支持力度，对有突出贡献的科技人才给予重奖。根据市场需求和企业发展，引进高水平研发人才、高层管理人才和高技能生产人才。强化本地人才培养，提升人力资本，增强本地研发能力和科研转化能力，促进行业领军人才和创新型团队的形成。

（四）提高城镇规划建设和治理水平，加强城镇基础设施建设

坚持将法制化、信息化贯穿高起点规划、高标准建设、高水平管理的城镇建设全过程，加强基础设施建设来保障城镇化进程。

1. 坚持高起点规划、高标准建设、高水平管理城镇相统一

按照新型城镇化理念并结合本地实际，推进城市规划与经济社会发展、主体功能区建设、国土资源利用、生态环境保护、基础设施建设等规划的相互衔接、相互统一；认真制订发展规划并落实到位，保证每一位公民享有知情权和监管权；在城镇建设中，统筹推进以棚户区、城中村、老工业区搬迁改造为重点的老城改造与新区建设；大力发展绿色、低碳、节能、智能化建筑，打造现代化、具有地方特色和民族特色的城市风貌，切实加强城镇绿化带的建设；建立责任明确、分工合理、运转高效、监管有力的城镇管理机制，提高服务质量和效率，鼓励社会组织和公众参与到城镇管理中，形成"政府主导，社会参与"的管理模式。

2. 加强城镇基础设施建设

统筹推进交通、信息、能源、水利、气热、排水等基础设施建设，特别要加强垃圾处理设施建设、污水处理设施建设等；完善基础设施，逐渐向农

村地区扩展，合理配置、节约利用水土资源，促进人流、物流、信息流和生产要素的便捷流动，保障城镇运行和发展需要。

（五）推进城乡公共服务均衡化

以社会保障、社会救助、教育、卫生、文化、住房为重点，完善城乡统筹、公平普惠的公共服务体系，逐步提高城乡居民社会保障和公共服务水平，争取实现学有所教、劳有所得、病有所医、老有所养、住有所居。

1. 逐步建立城乡统筹、公平惠普的社会保障体系

鼓励农牧民积极参加城镇职工社会养老保险，提高城镇居民、职工医疗保险统筹层次；整合新型农村牧区合作医疗和城市居民基本医疗保险，建立并实施全区统一的医保制度；提倡农民工积极参与职工医保、工伤保险、失业保险、生育保险，积极缩减社会救助、社会福利等方面的城乡差别。

2. 推进城乡教育资源优化配置

将城市新建小区、旧城改造、城乡接合部等地区的学校列入城市基础设施建设规划，形成与城镇化发展和群众需求相协调的学校布局；坚持教育公平，推进义务教育学校标准化建设和农村牧区薄弱学校改造，教育资源优先向农村牧区、少数民族聚居地区和民族教育倾斜，逐步实现城乡义务教育一体化发展。通过优化教育结构和布局，促进城乡教育资源共享、优势互补，缩小城乡教育差别，实现城乡教育均衡协调发展。

3. 多渠道解决城乡居民住房问题

为了更好地完善住房供应体系，政府部门应提供保障，满足市场需求。通过开发建设和购、改、租等形式重点推广公共租赁房，提高中低价位房屋的比例；提供中小户型商品房，保证各类住房供给与当地规模相对应；加快推进廉租住房和公共租赁住房统筹建设，有序推进林区、垦区、工矿棚户区、旧城区、农村牧区危房改造，统筹城中村改造和移民搬迁安置工作，确保失地人口和农牧业转移人口住有所居。

（六）健全资源生态补偿政策，保障牧区资源环境可持续发展

内蒙古牧区结合实施国家和自治区主体功能区规划，率先实行资源有偿使用制度和生态保护补偿制度，加快自然资源及其产品价格改革，全面实施资源税改革。坚持"资源付费"和"谁污染，谁付费"原则，将资源税征收

范围扩展到占用各种自然生态空间，全面反映市场供求、资源稀缺程度、生态环境损害成本和修复效益。制定关于生态补偿政策措施的指导意见和生态补偿条例，完善水、土地、矿产、森林和草原等各种资源税费政策和征收管理办法。

内蒙古牧区与多省市交界，资源与生态环境具有显著的跨区域性。同级别政府间生态补偿的横向转移支付可以比较好地解决财力均等化和外部性的问题。生态补偿的横向转移支付制度可以在生态关系密切的区域建立起生态服务的市场交换关系，从而使生态服务的外部效应内在化。以解决省际的区域性、外部性问题为出发点，探索构建生态补偿的横向转移支付制度，处理好横向转移支付与传统的纵向转移支付之间的关系。生态补偿的横向转移支付是横向转移支付制度改革的一个有益开端，可以为我国横向转移支付制度的建立奠定现实基础，提供改革经验。因此，内蒙古自治区要建立健全草原生态补偿制度，完善森林生态效益补偿制度，提高国家级公益林补偿标准，支持开展森林碳汇参与温室气体自愿减排交易试点，加大资源型城市可持续发展资金政策支持力度，选择典型资源富集地区开展可持续发展试点。

内蒙古牧区健全能源、水、土地等资源的节约集约使用政策。合理利用土地，加强耕地保护，积极推广保护性耕作措施，推动林地"占补平衡"。继续坚持"谁治理、谁管护、谁受益"的政策，积极推行承包造林种草政策，将治理任务和管护责任承包到户、到人，将责、权、利紧密结合，调动农牧民群众参与生态建设的积极性。土地所有权、使用权、经营权分离，实行权属明确的土地使用政策。在牧区推行休牧、轮牧等措施，不断调整畜群结构，走科学养畜、效益养畜之路。

内蒙古牧区要围绕生态安全屏障建设，落实草原生态保护补奖机制，严格执行草畜平衡，禁牧、休牧、轮牧制度。稳定和扩大退耕还林、退牧还草范围，调整严重污染和地下水严重超采区耕地用途，有序实现耕地、河湖的休养生息。加强"三北"防护林、天然林保护，以及退耕还林和退牧还草等重点工程建设，稳定和扩大退耕还林、退牧还草范围，巩固扩大生态保护建设成果。对重点资源环境保护和生态管制地区，建立跨区域的资源环境保护转移支付和生态补偿政策，加大对限建区、禁建区的转移支付，适时建立健全农牧业稳定发展转移支付政策，保护基本农田和草原生态安全。

内蒙古牧区应以构建生态廊道和生物多样性保护网络，全面提升森林、河湖、湿地、草原等自然生态系统稳定性和生态服务功能为主要方向，以突破核心关键技术、强化技术集成配套、改善科技创新条件为重点，加强基础性、公益性、前沿性的科技研究，主攻具有针对性、区域性、实用性和长效性的科技难题，开展理论、战略、模式和政策研究，构建完备的理论导向体系、政策保障体系和决策支持体系，为生态建设提供坚实的科技支撑。

（七）深化同俄蒙合作政策，全方位扩大蒙古沿边开放

内蒙古是欠发达民族地区，且中国边境地区对外贸易的政策体系有待完善，边境贸易带动区域经济社会健康稳定发展的政策效应仍需提高。为此，内蒙古应充分发挥对外开放的前沿作用，深度融入国家"一带一路"倡议，加强与俄蒙的政策沟通、设施联通、贸易畅通、资金融通、民心相通，促进边境地区与俄蒙的经贸文化科技交流与合作。完善同俄罗斯、蒙古的合作政策。加强国际协调与合作的重点应集中在建立同俄蒙的长期合作机制，深入推进资源能源、旅游贸易、基础设施等领域的合作开发，积极开展文化、教育、科技、人才、医疗卫生等领域的交流合作，加强与周边省区在交通、产业、能源、文化、生态保护与建设等方面的协作，共建中蒙俄经济走廊。

抓住国家给予边境地区的沿边开发开放特殊政策和实施"一带一路"倡议的重大机遇，继续深入推进兴边富民行动，重点加强边境民族地区基础设施建设和培育特色优势产业。扩大与俄蒙国家的农牧业开发合作，鼓励有条件的农牧业产业化龙头企业"走出去"，共建果蔬、粮油、牧草、现代养殖等农牧业基地。结合国家开放战略和区域发展规划，打通边境地区对外联系"大通道"，推进沿边境省区际铁路交通网络、公路交通网络、航空网络和航运网络建设，提升通边、沿边公路等级，提高国防交通保障能力，加强经济中心、人口集聚区、口岸等横向交通联系。发展口岸经济，加强国际通道和重点口岸基础设施建设，推进满洲里、二连浩特国家重点开发开放试验区和呼伦贝尔中俄蒙合作先导区建设，加快建设一批双边经济技术合作区、进出口商品加工区和旅游经济合作区，支持发展陆港经济、空港经济，打造充满活力的沿边开发开放经济带。发展与俄蒙毗邻地区的跨境电子商务，扩大机电、重型装备、农畜产品等优势产品的出口规模，提升边贸出口商品附加值，不断提升开放发展的层次和水平。

积极争取建设由国家批准的、实行国家特定优惠政策的各类开发区。发

挥满洲里国家重点开发开放试验区的先行先试作用，以满洲里综合保税区的通关运营为先导，加强重点开发开放实验区建设，依托现有各类国际合作政策区的发展基础，联合满洲里、二连浩特等重点口岸和区内重点对外开放的中心城市，积极争取成为国家自由贸易试验区。加快满洲里国家重点开发开放试验区建设，加快二连浩特设立国家重点开发开放试验区的步伐，争取将策克、甘其毛都、珠恩嘎达布其纳入国家重点开发开放试验区建设范围。推进边境地区投资贸易便利化，以国际贸易、边民贸易、出口加工、仓储物流为主体，重点建设满洲里—俄罗斯后贝加尔斯克互市贸易区，二连浩特、策克及甘其毛都口岸中蒙互市贸易区，全力打造新型跨国边境自由贸易区。推动建立呼伦贝尔中俄合作加工园区、额尔古纳中俄边境经济合作区、满洲里市中俄跨境经济合作区、二连浩特中蒙跨境经济合作区、策克跨境中蒙创业园区、甘其毛都跨境经济合作区和阿尔山中蒙跨境旅游合作区。通过建设亚欧大陆桥与"新丝绸之路经济带"，提高与中亚、西亚、欧洲等地的贸易水平，秉承自由贸易的原则，大力培育草原创新品牌，促进科技成果转化交易，推动全球市场的开放和生产要素的合作性流动和增长，保障贸易畅通。搭建内蒙古对外开放的国家级平台，扩大和提升内蒙古对外开放水平，提高内蒙古在"新丝绸之路经济带"建设中的参与能力和国际、国内影响力。

（八）精准实施扶贫攻坚政策，实现建成小康社会目标

突出重点，分类施策。以集中连片的特殊困难地区为重点，对内蒙古的21个国家级贫困县、16个自治区级贫困县实施扶贫攻坚工程，加大扶贫资金投入，实行资金整合，集中攻坚。

健全扶贫工作机制，按照"五个一批"原则与"六个精准"要求有序推进扶贫工作。通过"三到村三到户"精准扶贫措施，解决扶贫到村到户、精准脱贫问题；实施易地扶贫移民搬迁工程，解决生态脆弱特困地区贫困户"挪穷窝"的问题。采取措施壮大县域经济，发展优势特色产业，增强县城经济实力；支持农村牧区贫困地区发展嘎查村集体经济、农牧民专业合作社、农牧民专业户规模经济和农牧民行业协会，多渠道促进贫困农牧民就业。

通过"金融扶贫富民工程"提高居民的生活水平。建立有效的风险防控机制，出台优惠政策，提供资金上的支持，鼓励金融服务机构增加农村牧区贫困地区服务网点，利用金融产品支持贫困地区发展，推动农村牧区金融产品和服务方式创新。强化金融扶贫工作，鼓励有条件的旗县财政配置扶贫担保补偿资金，扩大金融扶贫贷款规模，鼓励、支持保险机构在农村牧区贫困地区建立基层服务网点，开展与扶贫开发产业相关的保险业务。

抓好教育扶贫，改善办学条件，重视和支持民族教育，对民族学校基础设施建设应当给予重点倾斜。对长期在农村牧区贫困地区工作的各类专业技术人员实行优惠政策，鼓励和支持教育、科技、医疗卫生等专业技术人员定期到贫困地区服务，加强贫困地区专业技术人员的继续教育。加强技能培训，搞好劳务输出，不断增强贫困农牧民脱贫致富和自我发展能力。建立完善新型科技服务体系，组织科技人员开展科技扶贫，创建科技扶贫示范嘎查村、示范户，培养科技致富带头人，加快先进实用新技术的推广应用。

全面实施以扶贫攻坚为重点的各项民生工程。支持和引导大型项目、重点工程、新兴产业开发项目向牧区贫困地区倾斜，积极开展对口支援、定点扶贫和领导干部联系贫困旗县工作。鼓励、支持民间组织、民营企业及个人到牧区贫困地区投资兴业，帮助贫困地区开发资源、培育增收产业；引导和支持志愿者组织建立牧区扶贫开发服务网络，参与扶贫开发工作。加大投入力度，有效整合各类资源，逐村逐户落实扶持措施，提高牧区基本公共服务水平，用3—5年时间实现牧区危房改造、安全饮水、嘎查村街巷硬化、村村通电、村村通广播电视通信、校舍建设及安全改造、嘎查村标准化卫生室、嘎查村文化活动室、便民连锁超市、牧区常住人口养老医疗低保等社会保障全覆盖，促进农牧业转移人口有序实现市民化。建设一批具有实际示范带动意义的示范苏木（乡、镇）、示范嘎查（村），促进广大牧区村庄面貌明显改善提升。加快贫困地区和贫困人口脱贫致富，推进城乡、区域协调发展，促进社会和谐，全面实现小康社会。

参考文献

[1] 张季著. 多视角的城市土地利用 [M]. 上海：复旦大学出版社，2006.

[2] 宋启林. 中国现代城市土地利用学 [M]. 北京：中国建筑工业出版社，1992.

[3] 厉伟著. 城市化进程与土地持续利用 [M]. 北京：中国大地出版社，2010.

[4] 丁玉贤. 包头市五区新型城镇化水平测度研究 [J]. 内蒙古科技与经济，2019（21）：9-10.

[5] 甄江红，成舜，郭永昌，等. 包头市工业用地土地集约利用潜力评价初步研究 [J]. 经济地理，2004（2）：250-253.

[6] 王志春，张新龙，苑俐，等. 内蒙古赤峰市太阳能资源评估与开发潜力分析 [J]. 沙漠与绿洲气象，2021，15（2）：106-111.

[7] 刘欣，姚增福. 赤峰市城镇化与农业现代化协调演变及模式选择研究 [J]. 中国农业资源与区划，2018，39（2）：214-220.

[8] 刘祗坤，吴全，苏根成. 土地利用类型变化与生态系统服务价值分析：以赤峰市农牧交错带为例 [J]. 中国农业资源与区划，2015，36（3）：56-61.

[9] 杨立科，徐燕. 我国西部能源型城市发展模式的系统动力学分析：以鄂尔多斯市为例 [J]. 内蒙古科技与经济，2022（6）：3-8，21.

[10] 姚彤，赵君. 内蒙古鄂尔多斯市城镇化进程中土地生态安全动态评价研究 [J]. 中国农业资源与区划，2020，41（6）：138-143.

[11] 刘亚红，石磊，常虹，等. 锡林郭勒盟生态系统格局演变及驱动因素分析 [J]. 草业学报，2021，30（12）：17-26.

[12] 赵汝冰，肖如林，万华伟，等．锡林郭勒盟草地变化监测及驱动力分析 [J]．中国环境科学，2017, 37（12）：4734-4743.

[13] 王利伟，赵明．草原牧区城镇化空间组织模式：理论与实践 [J]．城市规划学刊，2013（6）：40-46.

[14] 徐广才，康慕谊，李亚飞．锡林郭勒盟土地利用变化及驱动力分析 [J]．资源科学，2011, 33（4）：690-697.

[15] 王宏亮，高艺宁，郝晋珉．内蒙古自治区城市土地承载力与城镇化水平的协同关系分析 [J]．中国农业大学学报，2021, 26（1）：107-116.

[16] 薛丽娜．内蒙古新型城镇化发展水平测度研究 [D]．呼和浩特：内蒙古大学，2018.

[17] 张怡爽．内蒙古新型城镇化质量综合评价研究 [D]．呼和浩特：内蒙古大学，2016.

[18] 张湘云．内蒙古新型城镇化发展路径研究 [D]．呼和浩特：内蒙古大学，2015.

[19] 刘春林．内蒙古城镇化与经济增长关系研究 [D]．呼和浩特：内蒙古大学，2014.

[20] 玛楠．内蒙古城镇化发展现状、问题及对策研究 [D]．呼和浩特：内蒙古大学，2012.

[21] 陈茵茵．区域可持续土地利用评价研究 [D]．南京：南京农业大学，2008.

[22] 孙嘉乐．包头市城市边缘区空间结构优化研究 [D]．呼和浩特：内蒙古工业大学，2018.

[23] 刘欢．包头市城镇居民房屋征收补偿问题及对策研究 [D]．呼和浩特：内蒙古大学，2018.

[24] 李峥．包头市城镇化质量的实证分析与对策研究 [D]．呼和浩特：内蒙古大学，2015.

[25] 范婵娟．包头市固阳县土地节约与集约利用问题研究 [D]．北京：中央民族大学，2010.

[26] 玉梅．内蒙古人口城镇化与基础设施协调发展研究 [D]．呼和浩特：内蒙古师范大学，2018.

[27] 张宇．低碳导向的土地利用结构优化研究 [D]．南京：南京农业大学，2014.

[28] 盛艳．赤峰市松山区耕地演变及地力评价研究 [D]．呼和浩特：内蒙古农业大学，2014.

[29] 王晓珊.统筹城乡背景下赤峰市敖汉旗县域经济可持续发展研究[D].呼和浩特：内蒙古大学，2014.

[30] 卜鉴琳.赤峰市土地利用的生态管理[D].长春：东北师范大学，2012.

[31] 于凤鸣.赤峰市土地利用/覆被变化特征以及人文与自然因子对其影响分析[D].呼和浩特：内蒙古师范大学，2007.

[32] 王一涵.鄂尔多斯市城市建设管理中存在的问题及对策研究[D].呼和浩特：内蒙古大学，2017.

[33] 包嘎日迪.鄂尔多斯市城市转型发展中政府行为研究[D].长春：吉林大学，2016.

[34] 刘玲玲.我国资源型城市产业转型模式研究[D].北京：北京交通大学，2014.

[35] 宝勒德.鄂尔多斯市土地利用总体规划实施评价研究[D].北京：中国地质大学（北京），2014.

[36] 张俊文.锡林郭勒盟牧区城镇化发展模式研究[D].呼和浩特：内蒙古师范大学，2019.

[37] 阿荣.锡林郭勒盟空间开发适宜性研究[D].长春：东北师范大学，2017.

[38] 刘龙龙.锡林郭勒盟牧区新型城镇化模式研究[D].呼和浩特：内蒙古师范大学，2016.

[39] 苏日古格.锡林郭勒盟土地利用/土地覆被与NPP变化研究[D].呼和浩特：内蒙古师范大学，2016.

[40] 阿娜尔.锡林郭勒盟牧区城镇形象设计问题探讨[D].呼和浩特：内蒙古师范大学，2013.

[41] 刘慧颖.鄂尔多斯市城乡建设用地优化利用研究[D].呼和浩特：内蒙古师范大学，2013.

[42] 新德尼.鄂尔多斯市康巴什区土地集约利用潜力评价研究[D].呼和浩特：内蒙古师范大学，2013.

[43] 包塔娜.锡林郭勒盟土地利用动态变化研究[D].呼和浩特：内蒙古师范大学，2011.